MARCO POLO

BORNHOLM

D1668558

Stockholm

SCHWEDEN

LETT-LAND

DÄNEMARK

Kopenhagen

Ostsee

LITAUEN

Bornholm
(DK)

RUSS.
Kaliningrad
(Königsberg)

Hamburg

Berlin

Warschau

DEUTSCHLAND

POLEN

TSCHECHIEN

gelöscht

Bornholm

MARCO POLO AUTORIN 02/20
Carina Tietz
Ihre erste Überfahrt von Køge nach Bornholm wird Carina
Tietz wohl nie vergessen: Ein Sturmtief tobte über der
Ostsee. Bei Windstärke 10 über der Reling hängend,
schwor sie, dass sie niemals mehr auf diese Insel reisen
würde. Das ist fast zehn Jahre her. Seither hat sie viele
stürmische Überfahrten erlebt – und keine wird sie jemals
davon abhalten, wieder auf ihre Lieblingsinsel zu reisen.

DIE TOUREN-APP

zu den Erlebnistouren zeigt, wo's langgeht:
inklusive Tourenverlauf und Offline-Karte

EVENTS & NEWS

Schnell die wichtigsten Infos auf dem Smartphone:
Events, News, neue Insider-Tipps und ggf. aktualisierte
Erlebnistouren als PDF zum Downloaden

GRATIS

HOLEN SIE MEHR AUS IHREM MARCO POLO RAUS!

SYMBOLE

INSIDER TIPP ▶ Insider-Tipp

★ Highlight

●●●● Best of …

☼ Schöne Aussicht

Ⓦ Grün & fair: für ökologi-
sche oder faire Aspekte

(*) kostenpflichtige
Telefonnummer

**PREISKATEGORIEN
HOTELS**

€€€ über 130 Euro

€€ 100–130 Euro

€ unter 100 Euro

Die Preise gelten für ein
Doppelzimmer pro Nacht mit
Frühstück in der Hauptsaison

**PREISKATEGORIEN
RESTAURANTS**

€€€ über 27 Euro

€€ 18–27 Euro

€ unter 18 Euro

Die Preise gelten für ein
Hauptgericht ohne Getränke

GUT ZU WISSEN
Geschichtstabelle → S. 14
Spezialitäten → S. 28
Lesehunger & Augenfutter → S. 36
Die Unterirdischen → S. 70
Schnee auf der Sonneninsel? → S. 84
Feiertage → S. 107
Währungsrechner → S. 111
Wetter → S. 112
Was kostet wie viel? → S. 113

KARTEN IM BAND
(120 A1) Seitenzahlen und Koordinaten verweisen auf den Reiseatlas
(U A1) Koordinaten für die Karte von Rønne im hinteren Umschlag

Es sind auch die Objekte mit Koordinaten versehen, die nicht im Reiseatlas stehen

(🗺 A–B 2–3) verweist auf die herausnehmbare Faltkarte
(🗺 a–b 2–3) verweist auf die Zusatzkarte auf der Faltkartenrückseite

UMSCHLAG VORN:
Die wichtigsten Highlights

UMSCHLAG HINTEN:
Karte von Rønne

Die besten MARCO POLO Insider-Tipps

Von allen Insider-Tipps finden Sie hier die 15 besten

INSIDER TIPP **Comics aus grauer Vorzeit**

An mehreren Orten auf der Insel gibt es Felszeichnungen aus der Bronzezeit. Das größte Feld ist *Madsebakke* bei Sandvig mit 2600 Jahre alten Zeichnungen → S. 48

INSIDER TIPP **Fallendes Wasser**

Besonders im Frühjahr tost Dänemarks größter Wasserfall im wildromantischen *Døndalen* an der Nordostküste → S. 54

INSIDER TIPP **250 m in die Tiefe**

Der pure Adrenalinkick! Mit der *Tovbanen* können Sie sich, nur an einem Seil befestigt, über eine Strecke von 250 m mit 70 km/h in den Opalsø auf der Hammeren-Halbinsel stürzen → S. 52

INSIDER TIPP **Abenteuerland**

Das pure Abenteuer wartet im *Hasle Aktivitetspark,* dem besten Spielplatz der Insel mit Schaukeln, Beachvolleyballfeld und Grillhütte → S. 35

INSIDER TIPP **Frokost mit Fisch**

Zu Mittag gibt es in Dänemark *frokost.* Gerne herzhaft und mit viel Fisch (Foto o.) und Meerestieren, so wie in der Hasle Røgeri. Das *Fischbuffet* ist legendär – und Kinder unter zwölf zahlen nur die Hälfte, unter fünf essen sie gratis → S. 35

INSIDER TIPP **Ideal für junge Familien**

Hier finden Kinder schnell Anschluss: *Dueodde Ferieby* → S. 70

INSIDER TIPP **Ökologisch und lecker**

Jeden Donnerstag gibt es in Hasle beim *Økologiske Købmand* frisches Bioobst und Biogemüse. Die Produkte kommen direkt von der Insel oder stammen aus fairem Welthandel → S. 35

INSIDER TIPP **Eingelegt und würzig**

Kreiert mit Zutaten aus dem eigenen Garten: Würzige Pickles und Chutneys, leckere Marmelade und herzhafte Ketchup- und Senfsorten warten in *Camilla's Condimenter* in Østerlars → S. 62

INSIDER TIPP Froschkonzert

Das Sumpfgebiet *Gråmyr* bei Gudhjem ist nach zwei Jahren der Reinigung und Regeneration heute ein Paradies für Frösche und Vögel mit einem See voller bunter Wasserpflanzen → S. 58

INSIDER TIPP Wandern mit Meerblick

Fast rund um die Insel zieht sich ein Ring von Wanderwegen, häufig auf den sogenannten Rettungspfaden, auf denen einst die Küstenwächter Streife gingen (Foto u.). Besonders schön ist der Abschnitt *zwischen Gudhjem und dem Kunstmuseum Helligdommen* → S. 100

INSIDER TIPP Fisch mit Musik

Die Heringe sind nicht der einzige Hit in der kleinsten Räucherei der Insel, der Bakkarøgeriet bei Dueodde: Zum Fisch gibts *musikalische Untermalung,* mal irische Folklore, mal international – und im Hochsommer live den isländischen Sänger und Gitarristen Siggi Bjørns → S. 68

INSIDER TIPP Open Air und Livemusik

Im Sommerrestaurant *Gæstgiveren* in Allinge herrscht immer gute Stimmung. Zum Grillbuffet spielen Livebands, es gibt kaltes Bier und gefeiert wird unter freiem Himmel → S. 49

INSIDER TIPP Weihnachten im Sommer

Haben Sie schon mal im Sommer ein Adventsgesteck mit Strandgut gebastelt und Kaffee mit Kuchen unter funkelnden Weihnachtssternen genossen? Im *Café Slusegaard* in Sømarken ist das möglich → S. 68

INSIDER TIPP Handgenähtes Leder

Feinstes traditionelles Lederhandwerk: Bei *Broe & Co* in Pedersker werden Taschen, Schuhe und Gürtel noch von Hand genäht → S. 70

INSIDER TIPP Schönster Garten

Der Tipp für alle Gartenfreunde: Zwei norwegische Schwestern haben im *Kræmmerhuset* bei Årsballe ihr kleines Paradies geschaffen → S. 84

BEST OF …

TOLLE ORTE ZUM NULLTARIF
Neues entdecken und den Geldbeutel schonen

● *Das coolste Bad der Insel*
Pures Sommervergnügen im *Hasle Havnebad:* Auf die Besucher warten eine Sauna mit Badeplattform, der Sprungturm „fliegender Teppich", eine Terrasse und ein 17 m² großes Kinderbecken – und der Eintritt ist frei! → S. 36

● *Salsa nach dem Softeis*
In Gudhjem bietet Eisdielenbetreiber Lennart Laursen jeden Mittwochabend die Möglichkeit, die zuvor angefutterten Softeiskalorien einfach wegzutanzen: Die *Salsaabende* im Gudhjem Special mit dem Bornholmer Original sind eine gute Gelegenheit, mit Einheimischen in Kontakt zu kommen → S. 60

● *Spannende Schlafsacknächte*
Vor allem mit Kindern ein Abenteuer: An mehreren Orten auf der Insel gibt es sogenannte *shelters,* einfachste Blockhütten zur Gratisübernachtung. Zum Beispiel auf dem Spielplatz *Hareløkkerne* im Wald von Almindingen: an der Feuerstelle grillen, Sterne gucken und im Schlafsack dem Konzert der Frösche lauschen → S. 105

● *Bärlauch und Blaubeeren für null Cent pro Pfund*
Im Frühjahr duften ganze Wälder intensiv nach Bärlauch, z. B. in *Døndalen.* Und im Spätsommer locken an vielen Stellen die Heidelbeeren; besonders verbreitet sind sie in den *Paradisbakkerne* (Foto) → S. 54, 75

● *Die Wisente rasen durch den Wald*
2012 wurden sieben Wisente ausgewildert und seither gab es viermal Nachwuchs im *Wald von Almindingen.* Mit etwas Glück erleben Sie die Tiere bei einem Spaziergang → S. 82

● *Werkstattbesuch bei den „Glaspustern"*
Aus glühendem Glas blasen Kunsthandwerker filigrane Vasen und Gläser. In einigen Werkstätten dürfen Sie ihnen über die Schulter schauen, zum Beispiel bei *Pernille Bülow* in Svaneke → S. 64

○●○●● Diese Punkte zeichnen in den folgenden Kapiteln die Best-of-Hinweise aus

TYPISCH BORNHOLM
Das erleben Sie nur hier

● **Künstler und Kunsthandwerker**

Seit Jahrzehnten zieht es Künstler und Kunsthandwerker nach Bornholm. Häufig kaufen sie alte
Häuser oder Höfe im Inselinnern, wo sie reichlich Platz für ihre Ateliers finden. Dort arbeiten sie und empfangen Besucher, z. B. die
Keramikkünstlerin *Helle Lund-Hansen* in
ihrer Sommerwerkstatt in Nexø → S. 74

● **Hammeren ist der Hammer**

Die Nordspitze der Insel bietet nicht nur
wilde Landschaft und eine der größten
Burgruinen Skandinaviens, sondern auch
den Leuchtturm Hammer Fyr mit besonders
spektakulärer Aussicht (Foto) → S. 51

● **Echte „Bornholmer"**

Die echten „Bornholmer" werden jeden Tag frisch
und nach traditioneller Art über Erlenholz geräuchert: Die
goldfarbenen Heringe gibt es in zahlreichen Räuchereien rund um
die Insel. Besonders feine Exemplare genießen Sie in *Nordbornholms
Røgeri* in Allinge → S. 49

● **Flohmarkt, Hühnerbingo und Schubkarrenrennen**

In den Sommermonaten herrscht Trubel und Heiterkeit auf dem idyllischen Marktplatz von Svaneke. Die Insulaner laden jeden Samstagvormittag zum *Trödelmarkt* ein und bieten überwiegend regionale
Produkte an. Per Kutsche können Besucher die Stadt erkunden, der
Livemusik lauschen oder sich am abwechslungsreichen Unterhaltungs-
programm erfreuen → S. 104

● **Das Ende der (dänischen) Welt**

Kein Supermarkt, keine Autos, aber hinter den Häusern einsame
Felsklippen namens *Verdens Ende* („Das Ende der Welt"): Die eins-
tigen Kasernen- und Gefängnisinseln *Christiansø und Frederiksø* bilden den östlichsten Punkt Dänemarks. Mit ihren 90 Einwohnern und
pittoresken Gassen sind sie beliebte Ziele für Tagesausflüge → S. 56

● **Im Tal des Echos**

Nirgends in Dänemark sei das Echo besser als im *Ekkodalen,* heißt es.
Probieren Sie es aus – am besten mit dem dänischen Echoruf *Hvad
drikker Møller?* („Was trinkt Müller?"). Das Echo antwortet mit *Øller!*
(„Biere!") → S. 83

TYPISCH

BEST OF ...

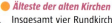

● Älteste der alten Kirchen
Insgesamt vier Rundkirchen aus dem Mittelalter gibt es auf der Insel. Die *Østerlars Kirke* in Østerlars ist nicht nur die älteste, sondern auch die größte in dem Quartett — da kommt auch bei Regen kein Gedränge auf ... → S. 62

● Süße Handarbeiten
In Svaneke produzieren zwei kleine *Manufakturen* Bonbons höchster Qualität. Schauen Sie den Süßigkeitenmachern bei ihrem Handwerk über die Schulter! (Foto) → S. 103

● Schwimm, iss und sei froh!
Ein Regentipp vor allem mit Kindern: Nachdem diese sich im Hallenbad vom *Dueodde Familiecamping* bei 28 Grad Wassertemperatur hungrig getobt haben, wechseln Sie ins Restaurant und essen so viel Pizza und Salat, wie Sie mögen → S. 69

● Kunsthandwerk im Zentrum
Gemeinsames Schaufenster der Kunsthandwerker auf Bornholm ist ein pittoreskes Lagerhaus in Hasle: In *Grønbechs Gaard* bekommen Sie einen imponierenden Querschnitt der in allen Ecken Bornholms verstreuten Kunstfertigkeiten zu sehen → S. 34

● Inselkunst vereint unter einem Dach
Anfang des 20. Jhs. versammelten sich auf der Insel die dänischen Maler, die wegwollten von Realismus und Impressionismus, hin zu einer subjektiven Wirklichkeit. Das auch architektonisch hochinteressante *Kunstmuseum* zeigt Werke dieser Bornholmer Schule → S. 55

● In Bornholms Tropen
Im *Sommerfuglepark* bei Nexø krächzen Papageien und flattern farbenprächtige Falter. Genau die richtige Therapie gegen *gråvejr,* also Grauwetter, wie die Dänen ungemütliche Witterung nennen → S. 104

REGEN

ENTSPANNT ZURÜCKLEHNEN
Durchatmen, genießen und verwöhnen lassen

● Spazierfahrt mit dem Kutter
Einen der schönsten Küstenabschnitte erleben Sie auf einer Spazierfahrt mit dem *Kutter Thor* zwischen Gudhjem und den Helligdomsklipperne einmal aus anderer Perspektive. Die Sonnenuntergangsfahrten begleitet ein spektakuläres Farbenspiel im Licht der Abendsonne → S. 61

● Inbegriff des Sommers
Dueodde ist ein Synonym für den dänischen Sommer. Der Sand ist so weiß und fein, dass er früher in Sanduhren verwendet wurde. 10 km lang und bis zu 300 m breit ist der Strand – eine Garantie, dass andere Urlauber beim Sonnenbaden und Dösen nicht stören (Foto) → S. 69

● Whirlpool mit Meerblick
Egal wie garstig die Temperaturen der Ostsee sein mögen: Im *Griffen Hotel & Wellness* in Rønne liegen Sie mit einem kalten Getränk im heißen Whirlpool und schauen hinaus aufs Meer. Wenn Sie wollen, lassen Sie sich mit Hilfe von kräutergefüllten Leinenstempeln massieren → S. 43

● Frei wie ein Vogel
Lauschen Sie den Bussarden, beobachten Sie, wie Fischadler und Graureiher ihre Runden ziehen: Im *Moor von Hundsemyre* kommen Sie der Natur ganz nah → S. 77

● Nachhaltige und lokale Küche
Das *Green Solution House Restaurant* in Rønne steht für eine nachhaltige Küche. Hier zaubert Küchenchef Kasper Beyer leckere Gerichte, für die er ausschließlich regionale und biologische Produkte verwendet. Gewürzt wird mit lokalen Kräutern wie Bärlauch → S. 42

● Schaumküsse!
Bei *Bech Chokolade* in Gudhjem können Sie herrlich entspannen und Leckereien genießen: Der hauseigene Honigkuchen oder die selbst gemachten Schaumküsse *(flødeboller)* und andere Schokoladenspezialitäten sind ein Gedicht! Und den Meerblick gibt es gratis dazu → S. 59

AUFTAKT

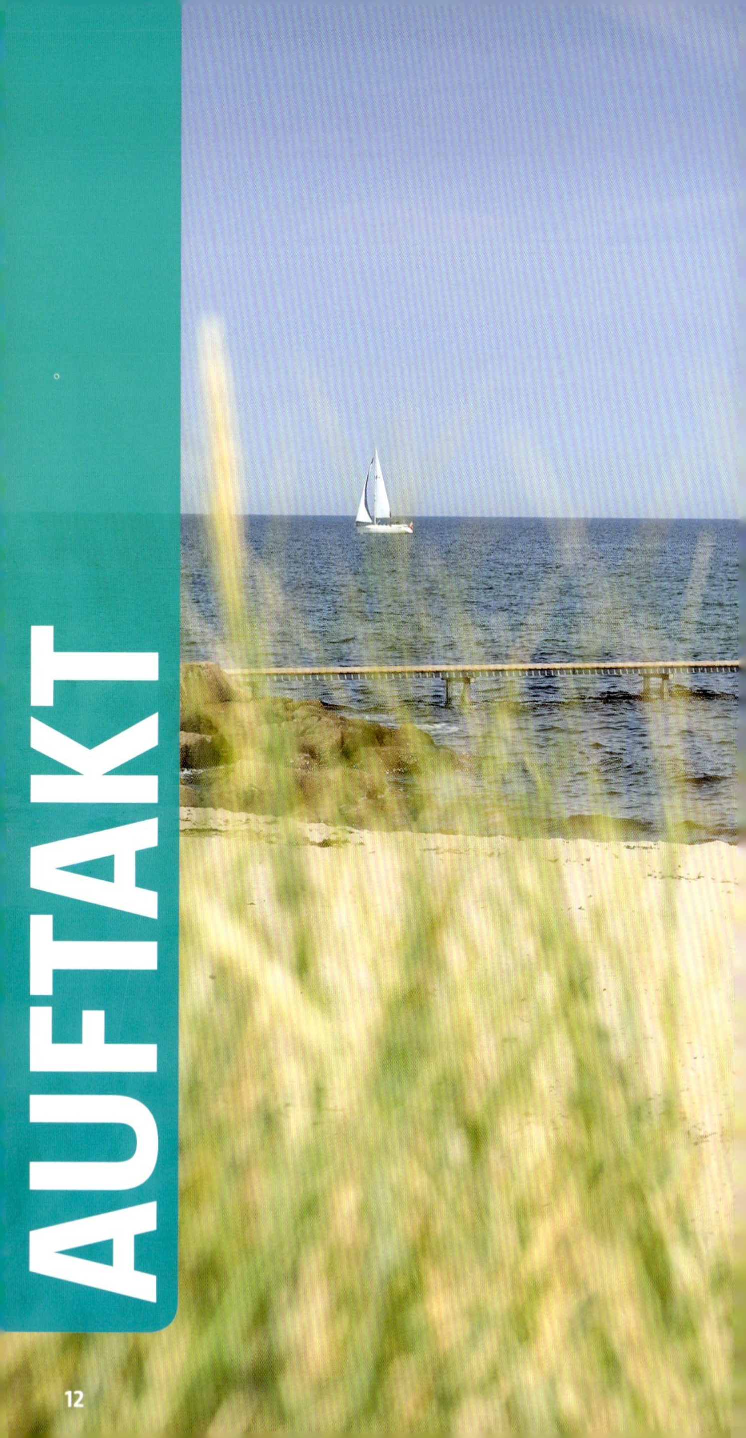

ENTDECKEN SIE BORNHOLM!

Ein Sommertag wie Samt und Seide. Der Wind verweht die Hitze und streichelt die Haut. Die Wolken hängen wie Wattetupfen am prallblauen Himmel. Die ersten Urlauber sind schon morgens mit den Fahrrädern von Dueodde aus gestartet, dort wo sich die Ferienhäuser hinter die Dünen und unter die Kiefern ducken. Ziel der Tour soll diesmal die Ostküste sein. Die Farben der Felder und des Meers leuchten dort *wie im mediterranen Süden*. Nach jeder Kurve eröffnet sich ein neues Panorama: Segel scheinen plötzlich über den Wiesen zu schweben, „das Meer wird zur zweiten Landschaft, es liegt tief unter den Hügeln". Das hat Hans Henny Jahnn gesagt, der Hamburger Dichter, der lange Zeit auf dieser dänischen Ostseeinsel gelebt hat.
Soll die erste Pause schon in Snogebæk oder erst in Nexø eingelegt werden? Soll man sich jetzt schon ein *Softeis* gönnen, so cremig, wie es nur die Dänen hinkriegen? Die Kinder haben vermutlich bald Lust auf einen Hotdog, auch typisch dänisch. Und natürlich muss es von Zeit zu Zeit, also etwa jeden Tag, ein Eis sein. Das alles gehört hier zur Tradition. Und diese Insel lebt von der *Tradition* und mit der Tradition: Alles Wesentliche, das ist wohl ein Erfolgsgeheimnis von Bornholm, ist geblieben, wie es immer war.

Bild: Strand in Sandvig

Am charakteristischen Schornstein zu erkennen: Dieses Gebäude war einmal eine Fischräucherei

Weite, *naturbelassene Strände*, aus dem Meer ragende Klippen, hügelige Wälder; Fahrradwege ohne Ende, idyllische Städtchen, die zum Bummeln einladen; Cafés, Pubs und Räuchereien, unzählige Galerien und *Kunstwerkstätten*: Bornholm ist ein kleines Ferienparadies. Durch die günstige Lage mitten in der Ostsee genießt die Insel ein mildes, fast mediterranes Klima, sodass Bornholm nicht zu Unrecht als *Sonnenscheininsel* bezeichnet wird. Gastfreundliche und hilfsbereite Bornholmer gehören mit zum Bild der Insel und geben Bornholm seinen ganz besonderen Charme.

Aber, werden jetzt die Puristen unter den langjährigen Bornholmfahrern einwenden, stimmt das denn noch? Hat sich nicht allzu viel verändert in den letzten Jahren? Nein. Und das ist gut und weniger gut zugleich: Zwar wandelt sich die *Restaurantszene* fast von Jahr zu Jahr, ist dabei aber deutlich anspruchsvoller und vielfältiger geworden. Die Hoteliers allerdings – anders als viele Ferienhausbesitzer – haben sich noch immer so gut wie gar nicht dem gestiegenen Komfortbedürfnis ihrer Gäste angepasst. Immerhin, geblieben ist, was wirklich zählt: 558 km² schiere Behaglichkeit, eine

ca. 10 000 v. Chr.
Erste Spuren menschlicher Besiedlung (Jäger und Fischer)

ca. 4200–1800 v. Chr.
Jungsteinzeit; Hünengräber entstehen

ca. 1800–500 v. Chr.
Bronzezeit; zahlreiche Hügelgräber und Feuerbestattungsplätze

ca. 800–1050
Wikingerzeit. Bornholm wird dänisch

1080–86
König Knud der Heilige christianisiert die Insel

ca. 1255
Burg Hammershus wird als Sitz des Erzbischofs errichtet

unverbaute Küste, *idyllische Kleinstädte* und Häfen, nicht verstaubt, sondern fröhlich, bunt und lebendig.

Nach wie vor zieht Bornholm ein ganz besonderes Publikum an, interessierte, aktive, kultivierte, erlebnisorientierte Urlauber. Sie entdecken die unglaublich abwechslungsreiche Landschaft gern mit dem Fahrrad – auf einem *Radwegenetz* von fast 250 km, das gepflegt und bestens beschildert durch verwunschen wirkende Spaltentäler, tiefe Wälder, vorbei an Teichen, Seen und Mooren führt. Bornholmurlauber sind vielfach Stammgäste oder werden es bald. Sie mögen die bodenständige Art der Hafen-, Blumen- und sonstigen *Feste*, sie klügeln sich Touren aus zu einigen der an die 100 Kunsthandwerker aller Branchen. Und sie genießen das anspruchsvolle Kulturangebot, zum Beispiel bei den Musikfestivals im Sommer und Herbst, die nicht selten ein Niveau erreichen, über das sich auch manch mitteleuropäische Großstadt freuen würde. Zum umfangreichen Kulturangebot gehören natürlich auch die vielen Museen, allen voran das *Kunstmuseum*, traumhaft schön auf einer Klippe über der Ostsee gelegen.

> **Ferienhäuser, die sich hinter Dünen und unter Kiefern ducken**

Vier *Rundkirchen*, dazu romanische Dorfkirchen, gotische Stadtkirchen und die gewaltige *Burgruine* Hammershus erzählen von der bewegten Vergangenheit. Hin und her gingen im Mittelalter die Besitzverhältnisse zwischen der dänischen Krone einerseits und der Kirche andererseits, deren Repräsentant der Erzbischof von Lund war, das bis 1658 zu Dänemark gehörte. Auch die Hanseaten aus Lübeck schrieben sich

1525 Die Lübecker bekommen Bornholm vom Dänenkönig für 50 Jahre als Pfand gegen Gotland

1576 Wieder unter dänischer Krone

1657 Dänemark verliert Bornholm an Schweden

1658 Widerstand gegen Schweden; die Insel wird endgültig dänisch

um 1900 Beginn des Tourismus

1940 Deutsche Truppen besetzen die Insel

nicht nur mit Handelsbilanzen in die Geschichtsbücher ein. Über 50 Jahre, von 1525 bis 1576, herrschten sie mit harter Hand über Bornholm und pressten den Bewohnern hohe Steuern ab. 1645 eroberten die Schweden kurzzeitig die Insel, konnten sich jedoch nicht behaupten. 1657 tauchten sie noch einmal auf und versuchten, Fuß zu fassen. Doch da erhoben sich die Bornholmer, die Aufständischen – allen voran die legendären Freiheitskämpfer Peder Olsen, Povl Anker und Jens Kofoed – erschossen 1658 den schwedischen Oberbefehlshaber und jagten die Besatzer über die Ostsee davon. Taktisch klug, machten die Bornholmer noch im selben Jahr ihre Insel der dänischen Krone für immer und ewig zum Geschenk.

Naturbelassene, weite Strände und Fahrradwege ohne Ende

Seitdem gehört Bornholm zum Königreich Dänemark. Nur einmal in der jüngeren Geschichte sah es so aus, als würde Bornholm plötzlich doch mal unter anderer Flagge segeln. Das war am Ende des Zweiten Weltkriegs. Weil der deutsche Inselkommandant zu spät von der Kapitulation der deutschen Wehrmacht erfuhr, wollte er die Insel nicht übergeben, schon gar nicht an die Russen, deren Fliegerverbände noch Anfang Mai 1945 Bornholm überflogen. Die Deutschen schossen auf die Russen, die Russen bombardierten zweimal, am 7. und 8. Mai 1945, die Städte Nexø und Rønne. Die Sowjets besetzten danach die Insel, und ein knappes Jahr lang hielt die westliche Welt Bornholm für verloren. Doch am 5. April 1946 zogen die Russen ganz überraschend wieder ab. Heute ist die Insel ein *Zentrum der Begegnung* vieler Ostseeländer. Ganz besonders die baltischen Staaten pflegen einen regen Kultur- und Bildungsaustausch mit Rønne und werden dabei von Dänemark auch finanziell kräftig unterstützt.

Die Deutschen kommen indes seit über 100 Jahren. Schon 1900 richtete die „Braeunlichsche Dampfschiffahrtsgesellschaft" in Stettin eine regelmäßige Schiffsverbindung ein. Und 1913 erschien die erste deutsche „Beschreibung der interessanten dänischen Felseninsel", herausgegeben von der Badedirektion Allinge (ein Auszug: „Das ganze Sommerleben spielt sich in ruhigen, soliden Formen ab …"). Die meisten Bornholmurlauber kommen aus Dänemark (vor allem aus Kopenhagen), Polen, Norwegen und Deutschland. Der Anteil der Gäste aus Deutschland stieg zuletzt wieder an – wobei der größte Teil aus Norddeutschland kommt. Deshalb startete das Tourismusbüro

Mai 1945
Der deutsche Kommandant will nicht vor den Russen kapitulieren. Die bombardieren daraufhin Rønne und Nexø

2003
Alle Inselorte verlieren ihre Selbstständigkeit und werden zu Dänemarks erster Großkommune

2011
Die Katamaranfähre nimmt ihren Dienst zwischen dem südschwedischen Ystad und Rønne auf

2018
Die dänische Reederei Molslinjen übernimmt den gesamten Fährverkehr nach Bornholm. Eine deutliche Preissenkung auf allen drei Routen ist die Folge

Ein Reiseziel für die ganze Familie: Dünen bei Strandmarken an der Südküste

2015 in Süd- und Mitteldeutschland eine Werbekampagne, um zukünftig vermehrt Gäste aus ganz Deutschland anzulocken.

Neben Familien, Seniorengruppen und Schulklassen auf Landschulheimaufenthalt sieht man seit einigen Jahren immer häufiger auch *Urlauber neuen Typs*: So sitzen in den hochklassigen Restaurants wohlhabende Kopenhagener Paare mittleren Alters. Sie folgen den Empfehlungen der dänischen Hochglanzmagazine und pilgern der *Gaumengenüsse* wegen nach Bornholm, wo in den vergangenen Jahren ein ganz besonderer Unternehmergeist entstanden ist. Im Rahmen der Initiative *regional madkultur* („regionale Esskultur") produzieren viele Bauern ökologisch und eine ganze Reihe von Restaurants und kleinen Lebensmittelunternehmen besinnen sich darauf, wie wichtig die *Qualität der Erzeugnisse* aus Feld, Wald und Meer ist.

Gaumengenüsse und regionale Esskultur

Daneben sieht man immer mehr Aktivtouristen in bunten Outdoorklamotten. Sie fahren nicht nur Rad, sondern paddeln mit dem *Kajak* um die Insel, klettern in stillgelegten Granitbrüchen, joggen entlang der steilen Küstensteige, *surfen und tauchen* vor der Felsenküste. Bornholm ist auf dem besten Weg, sich zum *Outdoorzentrum Dänemarks* zu entwickeln: In keiner anderen Region des Landes gibt es auf so kleinem Raum so viele Möglichkeiten, die Natur aktiv zu genießen. Nun liegt es ganz an Ihnen, welche dieser vielen Facetten der Insel Sie für sich entdecken wollen, welches „Ihr" Bornholm wird.

IM TREND

1 Ton, Steine, Scherben

Schatzsuche Bornholm ist *das* Zentrum für Archäologie in der Ostsee. Viele Archäologen sind im Einsatz. Tatkräftig unterstützt werden sie von den Insulanern, die als Hobbyarchäologen *(www.dbabornholm.dk)* tätig sind oder sich innerhalb eines Metalldetektorkorps organisieren und die Fundstellen *(www.bornholmsoldtid.dk)* zusammentragen.

Regionale Küche

2

Glocalization Die Bornholmer Küche erobert die Welt und die Insulaner sind stolz darauf. Völlig zu Recht! Das Restaurant *Kadeau* in Sømarken hat einige Auszeichnungen für seine inseltypische Küche bekommen. Und jedes Jahr überträgt das dänische Fernsehen die Sendung *Sol over Gudhjem (www.sogk.dk):* Hier kochen die besten Köche Dänemarks ausschließlich mit regionalen Zutaten. Voll im Trend liegt auch das *Gaarden (www.gaarden.nu):* Das Esskulturhaus in Gudhjem ist von Gemüse- und Kräutergärten umgeben und die frischen Zutaten können gleich in der Küche zubereitet werden.

Let's dance!

3

Alte und Junge rocken die Insel Daniel Hartwich und Victoria Swarovski hätten ihre Freude gehabt, denn die Bornholmer sind richtig tanzverrückt! Frauen in den besten Jahren schwingen ihre Hüften zum Bauchtanz, gestandene Inselsenioren rocken im Cowboykostüm zum Squaredance, Kinder tanzen Tango, eine Cheerleader-Truppe gibts auch und die Salsaabende im Gudhjem Special sind genauso legendär wie das *Dansefestival Bornholm.* Und beim alljährlichen Tanztag der *Bornholmske Danseforeninger* tanzen Hunderte Paare in der Aakirkeby Hallerne Walzer.

Gemeinsam aktiv

Sportlich Der neueste Trend auf der Insel: Touristen und Insulaner treiben gemeinsam Sport oder treten bei Wettkämpfen gegeneinander an. Der Spaß und das Miteinander stehen dabei im Vordergrund. Im Juli trifft man sich zum großen Beachvolleyballturnier *Bornholm Open* am Strand in Balka. Zu den großen Attraktionen gehört auch das Klettern im Granitsteinbruch *(www.bornholmsoutdoor center.dk)*. Wenn das Wetter mal nicht mitspielt, geht es per Longboard über eine überdachte Skaterpiste *(www.værftet.dk)*. Alle Angebote und Termine findet man aufgelistet im Aktivitätenkalender auf *www.gobornholm.dk*.

4

Strickliesel

Old School? Avantgarde! Von wegen mit dem Smartphone daddeln: Die Bornholmer greifen lieber zu ihren Nadeln. Hier wird nicht digital gechattet, hier werden ganz analog Socken gestrickt und Topflappen gehäkelt. Doch das heißt nicht, dass man sich der modernen Kommunikation entzieht. Ganz im Gegenteil: Die Facebook-Gruppe *Strik Bornholm (www.facebook. com/strikbornholm)* zählt mehr als 400 Mitglieder und auch die Follower auf Instagram *(@strik bornholm)* werden stetig mehr. 2016 waren es erst ein paar Hausfrauen, die den langen Winter mit Handarbeiten überbrückten. Heute strickt fast ganz Bornholm: mal in der Kirche von Østerlars, mal im Schmetterlingspark in Nexø. Und ab und an fahren die Strickliesen auch einen ganzen Tag lang auf der Fähre von Rønne nach Sassnitz hin und her und stricken wie wild Pullover und Schals. 2018 fand bereits zum zweiten Mal das *Strickfestival Bornholm (www.teamborn holm.dk/grupper/strik-bornholm)* statt und zählte sagenhafte 2000 Besucher.

5

FAKTEN, MENSCHEN & NEWS

VOM KUTTER IN DIE PFANNE

Die EU zeigt sich nicht gerade als Fisherman's Friend: eingeschränkte Fangquoten, Gesetze gegen leer gefischte Gewässer und Fischereikontrollen. Die traditionellen Kutter der alteingesessenen Familien können schon lange nicht mehr mit den Fabrikschiffen aus den östlichen Ostseeanrainerstaaten mithalten. Zwar landen noch etwa 100 Bornholmer Fischerboote vor allem Dorsch an – aber der Erlös dafür ist niedrig. Hering hingegen, eigentlich ebenso ein Symbol für die Insel wie die Rundkirchen, spielt heute kaum noch eine Rolle. Der nach alter Tradition goldgeräucherte Hering aus den verbliebenen Räuchereien kommt fast ausschließlich aus der Nordsee. Aber

unterkriegen lassen sich die Bornholmer Fischer nicht. Wenn sie nicht im großen Stil mitfischen dürfen, dann kommen sie eben auf der Insel ganz groß raus. Bestes Beispiel ist Bo Grønbech Johansen: Sein Fischwagen *Hans Fiskebil* macht überall halt und versorgt Insulaner und Touristen mit Fisch. Und frischer und nachhaltiger als direkt vom Kutter kann man nicht einkaufen. Also schauen Sie einfach mal in den Inselhäfen vorbei! Oder Sie klicken auf *www.havfriskfisk.dk* und wählen aus dem täglichen Fang.

SO EIN KÄSE!

Was haben Queen Elizabeth, eine Familie in Islamabad und ein Rentnerehepaar in Mecklenburg-Vorpommern gemeinsam? Bei ihnen kommt Bornhol-

Eine Ferienwohnung im Leuchtturm, ein Käse als World Champion, ein Prinz in Gummistiefeln: Fun Facts zu Dänemarks Sonneninsel

mer Blauschimmelkäse auf den Tisch. Die Bornholmer Käserei St. Clemens *(stclemens.dk)* in Klemensker produziert jährlich 6,5 Mio. kg Käse und trägt diesen unnachahmlichen Geschmack in 35 Länder hinaus. Und was hat der Käse mit Deutschland, Brasilien und Italien gemeinsam? Den Weltmeistertitel! Der Bornholmer Käse ist „World Cheese Champion" und wurde zudem mit zahlreichen lokalen, nationalen und internationalen Ehrungen überhäuft. Und was macht diesen Käse nun so einzigartig?

Ausschließlich Bornholmer Kühe liefern die Milch für seine Herstellung. Sie weiden auf den (meer-)salzigen Inselwiesen und in freier Natur.

ICH BIN DER MÄRCHENPRINZ

Prinz Henrik, der 2018 verstorbene Gatte der Königin, war die Lady Di der Bornholmer. Er liebte die Insel und die Insulaner liebten ihn. Wenn der Prinz durch die Bornholmer Wälder jagte, die Bornholmer Vogelwelt studierte und abends im

Restaurant Stammershallen saß, dann war er einer von ihnen. Auf Bornholm war Henrik nie ein Prinz. Er trug Parka und Gummistiefel, wenn er mit seinen Hunden am Strand entlangspazierte. Am meisten schätzte der Prinz die Bornholmer Küche und die edlen Restaurants. Hier fühlte sich der gebürtige Franzose wirklich zu Hause. Der Weinkenner war Ehrenmitglied im Bornholmer Weinclub und in Østermarie wurde ein Weg nach ihm benannt: Der Weg vom Aspevej nach Hallegård heißt seither Prinsgemalens Jagtvej. Weil er die Wälder von Almindingen so liebte, baute ihm die Gemeinde eine eigene Bank inmitten des Wisentgeheges. Als er 2018 starb, versank seine Bank unter Blumen und Kerzen. Auf seiner Beerdigung spielte allerdings nicht Elton John, sondern „nur" ein Bornholmer Organist.

WEISS ODER GRÜN?

Der *dannebrog*, die dänische Fahne, ist eine der ältesten Flaggen der Welt. Die kreativen Bornholmer haben das alte Dänenkreuz jedoch für ihre Insel angepasst: Häufig sieht man auf Bornholm Flaggen, auf denen das weiße Kreuz vor dem roten Hintergrund grün gefärbt ist. Diese Flagge ist allerdings deutlich jünger als ihr Vorbild: Sie wurde in den 1970er-Jahren vom Tourismusgewerbe lanciert. Diese *turistflag* ist aber auch bei Einheimischen beliebt, die damit ihren Regionalstolz ausdrücken wollen.

WASSERSALAMANDER UND WISENT

Gut, Raben und Amseln können Sie auch in heimischen Parks sehen. Aber haben Sie schon einmal bewusst den Gesang einer Nachtigall gehört oder die Flugkünste von Trottellummen beobachtet? Sie prägen die Bornholmer Vogelwelt genauso wie Rotfußfalken, Kraniche, Bussarde und Nonnengänse. Nehmen Sie in jedem Fall ein Fernglas auf die Insel mit und erkunden Sie die einzigartige Natur in den Wäldern von Almindingen, in der Plantage von Rø und in den Paradisbakkerne bei Nexø. Dabei sollten Sie auch mal einen Blick auf den Boden wer-

fen: Sie werden erstaunt sein, was hier für Reptilien und Kleintiere kreuchen und fleuchen. Mit etwas Glück lässt sich ein Wassersalamander blicken oder eine Eidechse huscht an Ihren Schuhen vorbei. Wenn Sie Geräusche im Gebüsch hören, sucht da sicherlich ein Igel nach Nahrung. Frösche quaken überall, wo Wasser ist. Und wenn Sie an der Lichtung neben einem Reh plötzlich eine riesige, büffelartige Kuh stehen sehen, dann ist das ein Wisent. 2012 wurden sieben dieser auch Europäischer Bison genannten Tiere im Wald von Almindingen ausgesetzt, die nun heimisch geworden sind und seither vier Kälber auf die Welt gebracht haben.

WIR SIND DAS VOLK!

Stellen Sie sich vor, Sie könnten einmal im Jahr Angela Merkel und Olaf Scholz auf einem Festplatz auf Sylt treffen und ihnen ordentlich die Meinung pfeifen. Was in Deutschland undenkbar wäre, ist in Dänemark Tradition. Nach dem Vorbild der *almedalsveckan* auf der schwedischen Insel Gotland trifft man auf Bornholm seit 2011 einmal im Jahr zur sogenannten *folkemøde (www.folkemoedet.dk)*. In Innenhöfen alter Bauernhäuser, in Zelten oder im Hafen von Allinge debattieren Minister und Parteiführer mit Journalisten, Lobbyisten und in erster Linie mit dem Volk. Bei Hunderten von kleinen Veranstaltungen kann man die Staatsmacht dann hautnah er-

leben und ohne Bodyguard und Zensur auch mal ein paar persönliche Fragen stellen. Und die Besucherzahlen zeigen, dass sich die Politiker die Kritik zu Herzen nehmen. Kamen 2011 zur Premiere knapp 10 000 Besucher, waren es 2018 schon weit über 110 000.

Nicht nur wenn Prinzessin Mary zu Besuch auf der Insel weilt, ist der *dannebrog* allgegenwärtig

BISMARCK UND DIE INSULANER

Schon kurios, welche Gemeinsamkeit sich Otto Fürst von Bismarck und die Bornholmer teilen: Beide sind sie Namensgeber eines Herings. Während der Bismarckhering eingelegt wird, kommt der Bornholmer aus den Räucheröfen der Insel. Der adlige Hering verkümmert in einem Einmachglas, der geräucherte Inselhering darf sich dagegen Bornholmer Gold nennen, weil er nach dem Räuchern eine so anmutige goldgelbe Farbe hat. Schmecken tun sie beide.

Bornholms Rundkirchen wie die Sankt Ols Kirke dienten einst auch als Festung

RUND UND KNUBBELIG

Sie sind zum Wahrzeichen für Bornholm geworden, die vier knubbeligen Gotteshäuser aus dem 12. oder 13. Jh., die so ganz anders aussehen als fast alle übrigen Sakral- und Profanbauten auf der Insel. Die *Østerlars Kirke* im Osten, 5 km von Gudhjem entfernt, ist die größte. In der beinahe ebenso großen *Ols Kirke* hoch im Norden, zwischen Tejn an der Ost- und Vang an der Westküste, zieht neben der schönen Renaissancekanzel vor allem der eindrucksvolle romanische Taufstein die Kunstinteressierten an. Die *Ny Kirke* bei Rønne ist die kleinste Rundkirche; viele Besucher halten sie für die schönste. Die *Nylars Kirke,* auch nur ein paar Kilometer von Rønne entfernt an der Straße nach Aakirkeby, soll über die beste Akustik der vier Rundkirchen verfügen. Die Experten nehmen seit Langem an, dass alle vier Rundkirchen im Mittelalter Wehrkirchen waren: Festung, Lager- und Gotteshaus in einem. Die Kegeldächer, die heute diesen ungewöhnlichen Kirchentyp und damit auch einen Teil der Bornholmer Landschaft prägen, sind erst Jahrhunderte nach dem Bau der Kirchen aufgesetzt worden. *rundkirker.dk*

SCHIFF AHOI!

Wer im Sommer im Hafen von Rønne mit der Fähre ankommt, kann so manchen luxuriösen Pott bewundern: Der Kreuzfahrttourismus boomt auch auf Bornholm. Sehr zum Unmut der klassischen Inseltouristen übrigens, denn die müssen sich das idyllische Hafenstädtchen dann für ein paar Stunden mit Hunderten Kreuzfahrtpassagieren teilen. Spätestens zum Abendessen sitzen die aber wieder in den edlen Schiffsrestaurants. Beim Auslaufen wird auf der Poolparty getanzt und die Laserstrahlen, die sich im Rhythmus der Musik blitzschnell bewegen und kilometerweit zu sehen sind, tauchen die Skyline von Rønne in bunte Farben und die Bässe lassen das Hafenbecken erzittern. Die Insulaner sehen darüber gelassen hinweg, denn der Kreuzfahrttourismus spült jedes Jahr umgerechnet gut 4 Mio. Euro in die Kassen und schafft neue Jobs. In den nächsten zehn Jahren will man mindestens 33 Mio. zahlungskräftige Kreuzfahrttouristen auf die Insel locken. Dafür wird sogar das Hafenbecken um 10 m vertieft und ein 700 m langer Kreuzfahrtkai gebaut. Mal schauen, wann die ersten Normaltouristen zu Wikingern werden und das Eiland gegen Astor und Aida verteidigen.

WALK OF FAME

„Was die in Los Angeles können, das können wir schon lange", dachten sich die Bürger von Østermarie: Sie schufen im Ort ihren ganz eigenen Walk of Fame und benannten Straßen, Plätze, Wege und Parks nach dänischen Vips und Promis. Der wohl bekannteste Straßennamenträger ist Prinz Henrik mit seinem *Prinsgemalens Jagtvej*. Die Sängerin Gitte Hænning gab der *Gitte Hænnings Strand-Allé* ihren Namen, auch der dänische Musiker und Schauspieler *René Dif* bekam seine eigene *Gade* (Straße) und dem Ballettchoreograf Flemming Flindt wurde mit *Flemming Flindts Svanesø* sogar ein See gewidmet. Bisher kamen 27 dänische Persönlichkeiten in den Genuss der Namensgebung. Allerdings sind nur einige wenige offiziell anerkannt.

PLATZ IST IN DER KLEINSTEN HÜTTE

In Zeiten von Airbnb und Booking.com ist die Konkurrenz der lokalen Ferienhausvermieter noch größer geworden. Tatsächlich gilt hier: Platz ist in der kleinsten Hütte und so wird alles vermietet, in das ein Bett passt. Im Gegenzug werden bestehende Hotels in noch edlere Schuppen umgebaut. Irgendwo in der Mitte zwischen der billigen Schlafgelegenheit und den elitären Wellnesshotels suchen die klassischen Bornholmurlauber ihr Ferienhaus. Familien und Paare, Surfer und Angler, Singles und Senioren, Herrchen mit Hund, Wanderer und Radfahrer: Sie alle finden ihr persönliches Quartier, das sich ganz ihren Wünschen anpasst, vor allem rund um Dueodde und Sømarken, hinterm Strand von Balka oder in und um Snogebæk. Bornholm kann aber auch außergewöhnlich: Das Hotel Orkide in Rønne ist das kleinste Hotel der Insel. Hier vermietet Hotelier Poul Pava nur ein Zimmer. Und wer es komfortabel und noch spektakulärer will, der kann auch gleich den zur Ferienwohnung umgebauten Leuchtturm von Svaneke anmieten.

ISLAND IN THE SUN

Die dänischen Zeitungen nennen Bornholm gerne *solskinsøen,* Sonnenscheininsel. Sonnenscheininsel? Da denkt man doch eher an die Karibik und nicht an die Ostsee. Tatsächlich scheint aber nirgendwo in Dänemark öfter die Sonne als auf Bornholm, im Schnitt 1580 Stunden pro Jahr, weit mehr als in Köln, Frankfurt oder Leipzig. Auch fällt auf Bornholm viel weniger Regen als im restlichen Dänemark: Die feuchten Westwinde vom Atlantik mit ihren Regenwolken haben ihre Fracht meist schon über Jütland abgeladen.

BEACHLIFE

Das sieht etwas anders als in deutschen Seebädern aus: Weder werden auf Bornholm Strandkörbe vermietet, noch gehört es zum guten Ton, sich hinter Sandburgen mit Muschelverzierungen abzuschotten. Wer textilfrei herumlaufen mag, kann dies tun, ohne großes Aufsehen zu erregen; üblich ist es allerdings weniger an den kleinen Strandbuchten Nordbornholms als vielmehr in den Dünen von Dueodde im Süden. An einigen Strandabschnitten muss in manchen Sommern je nach Wetterlage mit angeschwemmtem Tang gerechnet werden; an heißen Tagen kann das zu Geruchsbelästigung führen. Ebenso müssen Sie sich im Süden der Insel von einem aufs andere Jahr auf überraschend unterschiedliche Strandbreiten einstellen. Winterstürme tragen zuweilen meterweise Sand ab; im nächsten Frühjahr kann derselbe Strandabschnitt dann wieder dreimal so breit wie im Vorjahr sein.

ESSEN & TRINKEN

Vorurteile halten sich hartnäckig. Auch das über die Esskultur in Dänemark: Von roten Würstchen und Softeis sei sie dominiert, von Heringshappen und Flaschenbier. Das hat nie gestimmt, jedenfalls nicht so pauschal.

Ja, die Dänen haben es lange *vorwiegend deftig* gemocht (und tun das zum Teil noch immer): frittierte Schweinekruste *(flæskesvær)* und geröstete Wurst mit so viel Zwiebeln, Mayo und Ketchup, dass kein Auge und erst recht kein Hemd trocken bleibt. Aber das hat inzwischen beides Kultstatus, gehört für fast jeden Dänemarkurlauber zum Ritual: Einmal muss es sein …! Und wer ein gutes Essen mit einem klaren Schnaps abschließen mag, kann dafür zum *Bornholmer Aquavit* greifen, auf der Insel destilliert.

Aber was hat sich nicht alles getan in den letzten Jahren: Überall haben sich Weinkenner etabliert, bieten gute Tropfen aus aller Welt zu gar nicht mehr so hohen Preisen an, wie immer noch die Sage geht. Und neuerdings gehört der fast europaweite Trend zu regionalen, frischen und *saisonalen Produkten* auch auf Bornholm zum Alltag in ganz vielen Restaurants, Cafés, auf Biohöfen, in Hofläden und auf Märkten. Sie nennen es *mad med identitet;* gemeint ist Essen und Trinken mit sauberen Produkten, wie sie schon die Vorväter benutzt haben. Auch „kulinarisches Erbe" ist so ein Begriff, der den Trend kennzeichnet: Obst und Gemüse kommen *frisch vom Feld,* es gibt keine langen Transportwege, der ursprüngliche Geschmack bleibt erhalten

und wird nicht durch Aroma- und Chemietricks angereichert. Nur der *Hering* für die berühmten und beliebten *bornholmer* wird heute größtenteils in der Nordsee gefangen.

Sogar zu liebenswerten Übertreibungen hat die Belebung heimischer Ess- und Trinksitten geführt: Jesper und Yvonne Poulsen haben zur Jahrtausendwende bei Pedersker 2000 *Weinstöcke* in den Sandboden im Inselinnern gesetzt *(Lille Gadegård | Søndre Landevej 63 | www.a7.dk).* Sie hatten vorher gute Erfahrungen mit

Erdbeerwein gemacht und ihre Frucht- und Essigweine sowie die hausgemachten Liköre und Bittergetränke sind auch heute noch empfehlenswert. Über die Qualität ihrer sehr teuren Weine gehen indes die Meinungen weit auseinander.

Um die Jahrtausendwende waren Biohöfe und *regionale Esskultur* noch der Geheimtipp einiger müsliorientierter Außenseiter. Inzwischen listet allein das Faltblatt „Regional Madkultur", erhältlich im Velkom-Center in Rønne sowie in vielen Restaurants und Informationsstel-

SPEZIALITÄTEN

bornholmerhane – ein besonders fleischiger, auf der Insel gezüchteter Hahn, knusprig gebraten

fiskefrikadeller – mit Tomatensauce besonders gut im Imbiss *Forellen* an der Fressmole im Hafen von Nexø (Foto li.)

flæskesteg – krustiger Schweinebraten mit Rotkohl, einem Schuss Johannisbeersaft, brauner Sauce, eingelegten Senfgurken und braunen, mit Butter und Zucker karamellisierten Inselkartoffeln – im Herbst und Winter das Lieblingsgericht aller Bornholmer, auch an Weihnachten

hakkebøf – Hacksteak, nicht mit einem Fastfood-Hamburger zu verwechseln. Zum Leibgericht vieler Dänen gehören gebratene Zwiebeln, Kartoffeln und Rote Bete

kransekage – Kranzkuchen mit Marzipan und Zuckerguss, reichlich verziert mit Perlen, Schokolade und Zuckerschrift; kommt traditionell zu Silvester auf den Tisch

lagkage – mehrschichtige Sahnetorte

østersølaks – warm oder kalt geräucherter Wildlachs, mit Dillsauce das Köstlichste aus den Gewässern rund um die Insel

plankebøf – stammt eigentlich aus Ungarn, findet sich aber seit Jahrzehnten auf vielen Bornholmer Speisekarten: Rinderfilet, von Kartoffelbrei umkränzt, auf einem naturbelassenen Eichenbrett

røget sild – geräucherter Hering, als *bornholmer* die Spezialität der Insel, schmeckt am besten, wenn er – gegen 11 Uhr – frisch aus dem Rauch kommt (Foto re.)

sol over Gudhjem – die feine Version des Räucherherings, entgrätet, mit Butter, Zwiebeln, Schnittlauch und einem Eigelb

torsk – Dorsch auf Bornholmer Art, gebacken und mit Salzkartoffeln und *gudhjemmedyppe* serviert, einer vielfältig variierten Sauce, z. B. aus Fischsuppe, Räucherspeck, Zwiebeln, Mehl und Essig

---

len, rund 60 Betriebe auf, die sich dem *kulinarischen Erbe* verpflichtet fühlen, ganz ohne sauertöpfische Ideologie. *Organic, green,* Bio – das sind heute Begriffe, die man immer häufiger auf den Speisekarten Bornholmer Restaurants und im Selbstverständnis von Köchen und Gastwirten findet.

Nicht nur im ökologischen, auch im kreativen Bereich hat sich das Angebot ungemein erweitert und verbessert. Was etwas unausgegoren mit *„jungen wilden" Köchen* wie Lars Aabech begann, wird heute mit Witz und Kompetenz, angereichert durch Ideen aus Kopenhagen und der weiten Welt, in vielen ambitionierten Restaurants praktiziert (längst nicht mehr zelebriert): Das *Kadeau* an der Südküste, das *Molen* in Nexø, das *Stammershalle* in Gudhjem oder *B's Fiske Værksted* in Svaneke sind mittlerweile keine Ausnahmen mehr; sie haben sich lediglich an die Spitze eines *neuen Qualitätsbewusstseins* gesetzt. Dieses Be-

aus Aakirkeby; ebenfalls aus diesem Städtchen kommt das 🌱 *Biomehl* aus der *Valsemølle*. Und auf jeden Fall sollten Sie die Biere des *Svaneke Bryghus* probieren – die *Mikrobrauerei* wurde mit dem dänischen Bierpreis prämiert!

Auch für das gastronomischen Gewerbe und die Fans handfester Genüsse gilt, was schon im Auftaktkapitel gesagt wurde: Wesentliches ist geblieben. Natürlich sind weder Hotdogs noch *risted pølser* aus den Kiosken verschwunden. Und das ist auch gut so. Genauso gut wie die dickbauchigen Kaffeekannen, die in den

Die ganze Palette der Braukunst: Biere aus dem Svaneke Bryghus – so schön kann Durst sein!

wusstsein macht auch vor süßen Köstlichkeiten nicht halt, nicht nur, wenn es um das besonders cremige *Softeis* auf der Insel geht, das von der lokalen Meierei produziert wird. So verarbeiten Birte Madsen und Finn Bergendorff in *Den Gamle Skole* in Østermarie den Nektar ihrer 8 Mio. Bienen zu feinem *Honig*. Mit Zimt, Ingwer oder Chili aromatisiert, kommt er mal exotisch, mal feurig daher. Berühmt ist auch das *Lehnsgaard*-Rapsöl

meisten *Kuschelcafés* auf den Tisch gestellt werden (zum Beispiel bei *Ella* im Norden oder bei *Fru Petersen* in Østermarie), wie die Kräuterheringe, die Ruth und ihr Mann Uffe auf Christiansø marinieren und ins Glas packen, und wie die Fischfrikadellen aus der *Räucherei* in Aarsdale, die sich die Königin in Kopenhagen angeblich regelmäßig schicken lässt. Guten Appetit, *velbekom,* und Prost, *skål!*

EINKAUFEN

Wer ein Mitbringsel aus seinem Bornholmurlaub sucht, hat nur ein Problem: die Qual der Wahl. Über die gesamte Insel verstreut finden Sie, manchmal auch an versteckten Orten, eine große Anzahl von Galerien, Kunsthandwerkern, Souvenirläden, Glasbläsereien, Biohöfen, Keramik- und Porzellanmanufakturen. Auch hat die Anzahl hübscher kleiner Modeboutiquen in den letzten Jahren weiter zugenommen, sodass auch hier inzwischen eine stattliche Auswahl für fast jeden Geschmack vorhanden ist. Wer nichts ausgeben möchte oder sein Kunstwerk lieber selbst gestalten will, findet an den Stränden der Insel vielfältiges Material: wunderschöne Schwemmhölzer, bunte Steine und mit ein bisschen Glück sogar Fossilien.

Für den ersten Einkauf vor dem Ferienhausurlaub – und für die letzten Souvenirs – bietet sich das kleine Einkaufszentrum *Snellemark Centret* am Hafen in Rønne an (gegenüber vom Velkomstcenter). Dort hat auch der Ferienhausvermittler Dan-Center sein Büro.

ANTIKES

Wenn man über die Insel fährt, sieht man an vielen Stellen Schilder mit der Aufschrift „Antik". Hier können Sie fast immer ein riesiges Sammelsurium wirklich antiker, aber auch alter und gebrauchter Dinge finden. Für den Antikfan bis hin zum Trödler sind diese Stellen wahre Fundgruben, unerschöpflich und nie zur Neige gehend.

GLAS

Unter den Kunsthandwerkern der Insel gehören die Glasbläser zu den führenden. Liebhaber von Glas kommen hier voll auf ihre Kosten. Und dies im doppelten Sinn: Genuss fürs Auge und Schmerz im Geldbeutel. Besonders ausgefallenes und elegantes Design finden Sie bei *Baltic Sea Glass.* Hierhin lohnt sich auf jeden Fall ein kleiner Abstecher, um sich die ausgestellten, sehr schönen Unikate anzusehen oder auch zu kaufen.

KERAMIK

Ebenso wie Glas ist Keramik ein Markenzeichen der Bornholmer Kunsthandwerker und besitzt eine lange Tradition auf der Insel. Auf der Insel gehen viele Keramikhandwerker ihrer Arbeit nach, deren Produkte vielfach auch weit über die Landesgrenzen gefragt sind. So finden

Aus Galerien und Kunsthandwerkstätten: Die Auswahl an schönen und originellen Mitbringseln ist groß auf Bornholm

Interessenten also auch hier eine reiche Auswahl an Formen, Farben und originellen Ideen.

KUNSTHANDWERK

Liebhaber anspruchsvoller und origineller kunsthandwerklicher Dinge sind auf Bornholm genau richtig, denn hier gibt es eine Riesenauswahl davon. Ob Metall, Holz, Stein, Glas oder Textilien, die Vielfalt der verarbeiteten Materialen und der Ideenreichtum sind erstaunlich. So fällt es mitunter auch schwer, sich für eines der vielen angebotenen Dinge zu entscheiden. Einen guten Überblick über das Angebot geben die Broschüren und die Website der *Arts & Crafts Association Bornholm (www.acab.dk)*, in der sich einige Kunsthandwerker zusammengeschlossen haben. Natürlich können Sie auch einfach spontan den Hinweisschildern am Straßenrand folgen, wenn Sie die Insel erkunden. Viele Kunsthandwerker arbeiten auf alten Bauernhöfen verstreut über der Insel und geben gerne Einblick in ihre Werkstätten. Man kann auch altbewährte Adressen wie beispielsweise das *Hvide Hus* in Saltuna an der Ostküste oder *Det Gamle Pakhus* in Allinge aufsuchen, wo eine große Auswahl an Kunsthandwerk und Kleidung angeboten werden.

TEXTILIEN

War noch vor wenigen Jahren die *Boutique Pia Staermose* in Boderne nahezu allein die beherrschende Boutique in Sachen Mode und Markenware, so hat sich dies in den letzten Jahren erheblich gewandelt. Besonders rund um den Store Torv in Rønne haben sich mehrere kleine Geschäfte etabliert. Aber leider dominieren im Hauptstädtchen, wie auch in Kopenhagen und anderswo in Europa, generell die konventionellen Klamotten- und Schuhläden, während kleine Geschäfte mit Flair und Besonderheiten weitgehend verschwunden sind.

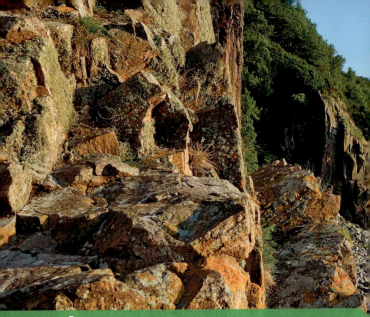

RØNNE UND DIE WESTKÜSTE

Für die meisten Besucher beginnt der Bornholmurlaub in Rønne. Hier kommen sie mit dem Schiff oder dem Flugzeug an, staunen den Farben der Insel und ihrer Hauptstadt entgegen, dem Rot der Dächer, dem Weiß der Kirche auf dem Hügel, dem Grün der Wiesen und Wälder, im Frühsommer dem grellen Gelb der Rapsfelder. Der erste Blick auf das Gewirr aus Gassen, Fachwerk und bunter Behaglichkeit macht neugierig. Irgendwann kommen alle Urlauber nach Rønne.

Die Westküste zwischen Rønne und Vang gehört zu den stillen Regionen der Insel. Wenn Sie von Rønne einen Ausflug Richtung Norden machen, führt der Weg zuerst durch eine einsame, wie verwunschen wirkende Wald- und Seenlandschaft. Mehrere künstliche Seen – aufgefüllte ehemalige Ton- oder Kohlegruben – bieten hier seltenen Vögeln und Kriechtieren einen nahezu ungestörten Lebensraum.

Der Bummel durch Hasle bietet Überraschungen der kleinen Art, wie sie typisch für die Städtchen der Insel sind: eine Räucherei, das kleine, urige Hafencafé Kabyssen und die Galerie Grønbechs Gaard, die den besten Einblick in das Schaffen von renommierten regionalen Kunsthandwerkern gibt. Nördlich dieser Stadtidylle bestimmt dann eine stark zerklüftete, stellenweise spektakuläre Felsenküste das Landschaftsbild. Die Küste wirkt hier geradezu dramatisch und immer wieder öffnen sich herrliche Ausblicke auf Felsklippen im Meer.

Ein Hauptstädtchen und viel Meer: großer Fährhafen, kleine Fischerdörfer und nach Norden hin eine spannende Felsenküste

HASLE

(120 A5) (*B3–4*) **Die knapp 1700 Einwohner sind wohl die stolzesten Bornholmer: Hier formierte sich Mitte des 17. Jhs. der Widerstand gegen die Schweden.**

Auf dem Marktplatz *(Torvet)* erinnert ein Stein an die Rebellion, die 1658 zum Abzug der schwedischen Besatzer führte. Die Anführer stammten alle aus Hasle: Povl Anker, Jens Kofoed, Peder Olsen und Niels Gumløse. Die Bronzebüste vor dem Rathaus zeigt König Christian X., den Großvater der jetzigen Königin Margrethe II. Das Rathaus auf dem Markt, 1855 im Empirestil erbaut, ist der ideale Ausgangspunkt für einen Stadtrundgang. Bummeln Sie zum Hafen hinunter, über Toldbodgade, Rådhusgade oder Havnegade, wieder ins Zentrum zurück, dann über Krummevej und Kirkegade zur sehr hübschen gotischen Stadtkirche: ein geduckter Fachwerkturm auf einem Sockel aus Feldsteinen. Sehenswert sind der

Flügelaltar, eine Lübecker Arbeit aus dem 15. Jh., und die Renaissancekanzel (1610). Auf dem Friedhof neben der Kirche liegt Vilhelm Herold begraben, ein um 1900 berühmter Operntenor. Er gilt den Haslingern als eine Art Lokalmatador. Was an ihn erinnert, ist allerdings nicht hier, sondern im Bornholms Museum in Rønne zu bewundern.

stellt. Schaut man durch die großen Fenster hinaus aufs Meer, könnte selbst das Panorama von einem Künstler geschaffen sein. Jetzt noch eine leckere Tasse Kaffee? Bitte: Ein Café gehört auch dazu. Kinder können im Kunstraum ihrer Kreativität freien Lauf lassen. *Ostern–Okt. tgl. 10–17 Uhr | 70 DKK | www.groenbechs gaard.dk*

Stilvoller Rahmen für ebensolches Kunsthandwerk: Grønbechs Gaard

SEHENSWERTES

GRØNBECHS GAARD ★ ● ☀

Im Haus des Kunsthandwerks, einem ehemaligen Lagerhaus aus dem 19. Jh. in der Altstadt, dürfen nur die besten Kunsthandwerker der Insel ausstellen: Glasbläser und Keramiker, Textil-, Metall- und Holzkünstler, Gold- und Silberschmiede. Ob die handgeschmiedete Kette oder der extravagante Terrakottatopf – jedes Stück ist ein Unikat. Mal glaubt man in einem Yogakursraum zu sein oder inmitten einer edlen Modeboutique zu stehen. Doch auf den zweiten Blick wird klar: Im vermeintlichen Yogaraum sind handgewebte Teppiche ausgestellt und die edlen „Kleider" sind aus Sandspielzeug herge-

KULTIPPEN

Fehlt nur noch der schwebende Neil Armstrong und die wehende US-Flagge: Kultippen ist die Mondlandschaft Bornholms. Während man auf der Insel Kohle abbaute, kippte man den Abraum und andere Abfallprodukte südlich von Hasle über die Uferhänge. Entstanden ist so eine surreale, braungelbliche und wulstige Gegend mit tiefen Spalten und steilen Hängen. Ein Wanderweg startet am Glasværksvej am Südende von Hasle.

SILDERØGERIERNE HASLE ★

Eine von fünf alten Räuchereien, die alle in einer Reihe stehen, wurde zum Museum. Dort lässt sich anhand einiger Gerätschaften und Fotos nachvollziehen, wie vor 100 Jahren aus silbernen Heringen Bornholmer Gold wurde – nämlich auf ungefähr die gleiche Art wie heute. Das Museum bietet viele interessante Einblicke in die traditionelle Räucherei – und wer dann auf den Geschmack gekommen ist, kann seinen Fisch gleich nebenan räuchern lassen. *Søndre Bæk | April–Okt. tgl. 10–18, Juni–Aug. bis 21 Uhr | Eintritt frei*

ESSEN & TRINKEN

HASLE HAVNE GRILL
Von außen nur ein einfacher Grillimbiss, aber das Essen ist so lecker wie in einem richtig guten Restaurant. Die Burger genießt man mal amerikanisch mit Bacon und Käse, mal skandinavisch mit Fisch und Salat. *Havnen 25 | Mi–So 11–19 Uhr | €*

HASLE RØGERI
Das **INSIDER TIPP** beste Fischbuffet der Insel: Heringsfilet in Curry-Sahne-Sauce, geräucherte Makrele mit Roter Bete, Lachs mit Radieschen-Zwiebel-Salat und dazu Bornholmer Gold und Krabben. *Søndre Bæk 20 | Tel. 56 96 20 02 | Ostern–Mitte Okt. tgl. 10–17, Mitte Juni–Mitte Aug. bis 21 Uhr | www.hasleroegeri.dk | €–€€*

EINKAUFEN

INSIDER TIPP DEN ØKOLOGISKE KØBMAND 🌱
Ein rustikaler Bioladen im Tante-Emma-Stil. Donnerstags gibt es eine besonders große Auswahl an heimischem Obst und Gemüse. *Fælledvej 45 | Do 16–17.30, Fr 16–18.30, Sa 9–12 Uhr*

KUNSTHANDWERK

IB HELGE
Eigenwillig, mit einem Hauch der Osterinsel kommen die Skulpturen des be-

kannten Inselkünstlers daher. Mystisch auch seine Gemälde, von Rubens und Munch inspiriert, ausgestellt in seinem Bauerngarten. *Bæla 4 (kurz vor Helligpeder, Strandvejen Richtung Allinge) | tgl. geöffnet, ohne feste Zeiten*

FREIZEIT & SPORT

INSIDER TIPP HASLE AKTIVITETSPARK
Gleich neben der Jugendherberge findet sich der beste Spielplatz Bornholms, der auf Initiative einiger einheimischer Väter errichtet wurde: Nicht nur Kinder kommen hier auf Seilbahn und Schaukeln auf ihre Kosten, sondern an den Freiluft-Fitnessgeräten auch die Erwachsenen. Es gibt eine Grillhütte und ein Beachvolley-

---

⭐ **Altstadt in Rønne**
Auf Entdeckungstour durch die Gassen der Hauptstadt → S. 39

⭐ **Erichsens Gård in Rønne**
Abtauchen ins 19. Jh. in diesem original eingerichteten alten Bürgerhaus → S. 41

⭐ **Ny Kirke in Nyker**
Die kleinste und wohl schönste der vier Rundkirchen → S. 45

⭐ **Grønbechs Gaard in Hasle**
Hier stellen über 60 sehr gute Kunsthandwerker aus → S. 34

⭐ **Silderøgerierne Hasle**
Die Museumsräucherei: lehrreich und lecker → S. 34

⭐ **Jons Kapel**
Dramatische Szenerie: Felsen und Grotten an der Steilküste → S. 37

MARCO POLO HIGHLIGHTS

ballfeld. Ergänzt wird der Park durch vier Trainingsstrecken (Motto: Bewegen in der Natur), die am Parkeingang starten und durch den Wald von Hasle führen. *Fælledsvej*

HAVNEBAD ●
Das Freibad im Hafenbecken von Hasle ist ein großer Anziehungspunkt. Auf der treppenartigen Terrasse genießt man die Sonne und stürzt sich wagemutig vom Sprungturm. *Sommer tgl. 5.30–22 Uhr, im Winter Eisschwimmen | Eintritt frei*

ÜBERNACHTEN

HASLE CAMPING
Luxushütte oder Angelhäuschen? Mietzelt oder eigener Wohnwagen? Bei Ulla und Kim bekommt Camping eine ganz andere Bedeutung. Dazu ein Wasserpark für Jung und Alt, Saunieren im Holzfass und abends trifft man sich zum Grillen bei Livemusik. Schöne Lage am südlichen Ortsrand. *Fælledsvej 30 | Tel. 56 94 53 00 | www.haslecamp.dk*

HASLE FERIEPARK
Lassen Sie sich von Rehen wecken: Die *hyggeligen* Ferienhäuser stehen mitten im Wald! Mit Schwimmbad, Tennisplatz, Minimarkt, Minigolf und Fahrradverleih.

H. C. Sierstedsvej 2 | Tel. 56 95 85 66 | www.teambornholm.dk

HASLE MARINA
Diese Ferienhäuser sind so skandinavisch, dass Verner Panton seine berühmten Pop-Art-Stühle freiwillig hineingestellt hätte. Die zweistöckigen Häuser liegen direkt am Hafen, vom ☆ Balkon erleben Sie die schönsten Sonnenuntergänge der Insel und können bei klarer Sicht sogar bis hinüber zur schwedischen Südküste schauen. *Tel. 39 14 33 00 | www.bornholmtours.com*

NORDLIV BORNHOLM ☆
Kalahari-Feeling! Die Glampingzelte lassen Afrika lebendig werden. Sie schauen zwar nicht auf den Kilimandscharo, aber die Sonnenuntergänge über der Ostsee sind keine schlechte Alternative. *Fælledvej 28 | Tel. 71 90 06 59 | www.nordliv.com*

RUTSKER FERIECENTER
Schon mal in einer ehemaligen Dorfschule übernachtet? Da wird aus dem Fahrradkeller eine komfortable Ferienwohnung und aus dem Klassen- ein schönes Doppelzimmer. 23 Apartments von zweckmäßig bis luxuriös, dazu ein großer Park. *Kirkevej 6 | Rutsker | Tel. 30 70 40 01 | www.rutskerferiecenter.dk | €€–€€€*

LESEHUNGER & AUGENFUTTER

Pelle der Eroberer – Martin Andersen Nexøs Roman vom Anfang des 20. Jhs. schildert das harte Leben der Bauern, Fischer und Arbeiter jener Zeit auf Bornholm. Bille Augusts Verfilmung von 1988 wurde mit der Goldenen Palme von Cannes und einem Oscar als bester ausländischer Film ausgezeichnet

Bornholm – folk, fæ & flere foodies – Das Buch über die Bornholmer Esskultur vom Inselfotografen Anders Beier und der Bornholmer Fooddesignerin Sune Rasborg stach bei den Gourmand World Cookbook Awards 2017 in China sogar Michelle Obama aus und gewann den Sonderpreis der Jury

Wie aus der Welt gefallen (und schön zum Sonne-ins-Meer-sinken-Sehen!): Küste bei Helligpeder

HASLE TURISTBUREAU
*Storegade 64 | Tel. 56 95 95 00 | born
holm.info*

ZIELE IN DER UMGEBUNG

HELLIGPEDER 🌿 (120 A4) (*⌂ B3*)
Der kleinste Ort mit dem kleinsten Hafen der Insel und einer Kulisse wie bei Henning Mankells Wallander. Wild, stellenweise fast unheimlich wirkt die Küste hier, mit alten, von Moos bedeckten Schuppen, bunten Häusern – und Einwohnern mit Humor. Am Ortseingang hat jemand auf Dänisch das Straßenschild mit der Aufschrift versehen: „Ja – das ist Helligpeder", womit alle Zweifel ausgeräumt werden sollen, es handle sich hier nicht um einen richtigen Ort. Ähnlich das Bild im 1 km weiter nördlich gelegenen *Teglkås,* von dem jeder Landschaftsmaler träumt: In die Jahre gekommene Boote schlummern im Hafen, Möwen kreischen am Himmel und die Sonne erhellt die Szenerie. Um nach Helligpeder und Teglkås zu gelangen, benutzen Sie am besten die von Hasle aus gesehen erste dorthin ausgeschilderte Landstraße. Sie schlängelt sich die Küste entlang, vorbei an idyllisch gelegenen Häuschen und Gärten.

JONS KAPEL ⭐ 🌿 (120 B3) (*⌂ B2*)
Ein wilder Küstenabschnitt, eine bizarre Felsformation und eine Höhle. Schon nach wenigen Metern Fußweg wird klar: Das Panorama ist der Hammer, bei gutem Wetter kann man sogar hinüber nach Schweden schauen. Muskelkater ist aber programmiert, denn jetzt geht es

150 Stufen über eine Holztreppe hinab zur „Kapelle". Erwarten Sie aber bloß keinen Steinbau. Die sogenannte Kapelle ist ein Ensemble von Felsen, die eine Art Kanzel darstellen. Laut der Legende soll der irische Geistliche Jon hier gelebt und zu den Bornholmer Fischern gepredigt haben.

Folgen Sie in jedem Fall noch dem Küstenpfad in nördlicher Richtung bis zu den Klippen von *Hvidkleven*. Hier wachsen alten Märchen mitten im Lustwald *(Lystskov)* nur ein paar Hundert Meter südlich vom Zentrum Hasles. Wer würde wohl vermuten, dass es sich bei diesem Kleinod um eine vollgelaufene Kohlengrube handelt? Zwischen 1942 und 1948 wurden hier über 30 000 t Kohle aus der Erde geholt. Auch der dunkelgrüne Smaragdsø weiter südlich ist nicht natürlichen Ursprungs, sondern eine ehemalige Tongrube.

150 Stufen führen hinunter zu Jons Kapel – und danach schweißtreibend wieder nach oben ...

Anemonen und Orchideen, üppig wuchern grüne Farne und die Aussicht ist phantastisch. Bei stürmischem Wetter ein echter Nervenkitzel! Dann schlagen die schäumenden, meterhohen Wellen mit voller Wucht gegen die Felsen. *Zufahrt über Jons Kapelvej, Parkplätze am Kiosk Jons Kapel*

RUBINSØ UND SMARAGDSØ
(120 A–B6) *(*📖 *B4)*

Der bis zu 40 m tiefe Rubinsø liegt wie das verwunschene Gewässer aus einem Die Strände zwischen Rønne und Hasle sind nicht so breit und feinsandig wie die bei Dueodde oder Balka. Aber sie sind ruhig und liegen unterhalb einer wunderschönen Wald- und Seenlandschaft. Mitten in dieser beeindruckenden Szenerie liegen einige Ferienhäuser *(www.tuiferienhaus.de, www.ostseeklar.de)*. Wer Ruhe und die Nähe zur Natur sucht, ist hier sehr gut aufgehoben. Die Häuser in Seenähe eignen sich hervorragend für Angler, aber auch Familien können hier einen unvergesslichen Urlaub verbringen.

RUTS KIRKE (120 B4) (*C3*)

Na gut, der Burj Khalifa ist sie nicht, aber der Ausblick von der mit 130 m höchstgelegenen Inselkirche – gebaut um 1200 im romanischen Stil – ist für Bornholmer Verhältnisse spektakulär. Kein Wunder, dass die Schweden die Kirche gern in ihren Besitz gebracht hätten. Aber der Pastor und Freiheitsheld Povl Anker verteidigte im 17. Jh. tapfer sein Gotteshaus.

VANG (120 B3) (*B2*)

12 km nördlich von Hasle ein Stück Frankreich auf Bornholm: die Küste so rau und felsig wie in der Bretagne, Serpentinenstraßen wie in den französischen Alpen und ein Restaurant fast wie auf den Champs-Élysées. Im *Le Port (Vang 81 | Tel. 56 96 92 01 | in der Saison tgl. | www.leport.dk | €€€)* vereinigt sich die skandinavische mit der französischen Küche. Gebratenes Lamm mit Bärlauchlinsen oder Kabeljau auf *sauce mousseline* verzücken den Gaumen. Den Genuss perfekt machen der Blick auf die Ostsee und in den Abendstunden ein Sonnenuntergang der Extraklasse.

RØNNE

 KARTE IM HINTEREN UMSCHLAG
(124 A–B3) (*B5–6*) **Verwaltungssitz und damit „Hauptstadt" der Insel, größter Fährhafen, bevölkerungsreichster Ort – und doch nur ein Kleinstädtchen mit knapp 14 000 Einwohnern.**
Ein Marktflecken, malerisch, freundlich, überschaubar im alten Zentrum. 3 km von Nord nach Süd, 2 km von West nach Ost. Noch immer beherrscht Fachwerk das Stadtbild, senkrechte und waagerechte Balken ohne Schrägen geben der Architektur Ruhe und Harmonie. Fachwerk hält auch die weiße Kirche über dem Hafen zusammen, die den Seeleuten – und den erwartungsfrohen Urlaubern auf den Fährschiffen – als zweites Richtzeichen neben dem Leuchtturm gilt. Die verbriefte Geschichte der kleinen Hauptstadt beginnt im 13. Jh. Aber schon um das Jahr 1000 soll um den heutigen Kirchplatz herum eine Fischersiedlung gestanden haben. Mit dem Niedergang des Ostseehandels und der Heringsfischerei ging die Bedeutung der Stadt zurück. Erst im 18./19. Jh., als Keramikfabriken und Uhrenmanufakturen für kurze Zeit eine Art Wirtschaftsboom auslösten, wuchs die Stadt. Im 20. Jh. schließlich siedelte sich vor allem im Norden der Stadt Industrie an; das alte Rønne blieb weitgehend intakt. Viele größere Häuser an der Straße Snellemark, die das Hafenviertel mit dem Zentrum verbindet, stammen aus der Zeit nach dem Zweiten Weltkrieg. Hier standen mehrere der gut 200 Gebäude, die am 7. und 8. Mai 1945 von russischen Bomben zerstört wurden.

SEHENSWERTES

ALTSTADT ★

(U B–C 2–4) (*b–c 2–4*)
Treff- und Ausgangspunkt ist der lebhafte Marktplatz *(Store Torv)* und dort am besten die eigenwillige Skulptur, die June-Ichi Inoue im Jahr 2000 geschaffen hat. Bis zu seinem Tod 2009 lebte der japanische Künstler im Norden der Insel. Die Skulptur soll die Geschichte und ständige geistige Weiterentwicklung des Menschen symbolisieren. Außerdem ist sie eine perfekte Jahresuhr: Jeweils am 24. Juni, zur Mittsommerzeit, scheint die Sonne genau durch den Schlitz der raffinierten Skulptur.
Bummeln Sie auf der Straße *Snellemark* Richtung Hafen hinunter und dann nach links in die *Storegade* zum *Kirkepladsen. Kirkestræde, Larsegade* und *Vimmelskaftet* können die weitere Route markieren.

In der Vimmelskaftet 11 steht das kleinste Haus der Stadt. Neben dem Haus *Sankt Hans Stræde 3* gedeihen Mandel-, Aprikosen- und Feigenbäume. Von der *Rendegade* geht der Weg durch stille Straßen – *Lille Mortensgade, Slippen* und *Bagergade* – zur *Søndergade.* Hier steht (Hausnummer 14) das ehemalige Kaufmanns- und Lagerhaus eines Reeders aus dem Jahr 1813 mit Ausguck in der Mansarde. Dann kommen Sie zur *Hovedvagt* (Hauptwache), 1744 aus Steinen der Hammershusruine erbaut, und vorbei am alten Theater zurück zum Markt.

Ein zweiter Bummel führt in den Norden der Altstadt: In der *Laksegade* steht *Erichsens Gaard* (s. separater Eintrag), in der *Rosengade* an der Ecke zur Storegade der *Kommandantgården,* in dessen Innenhof Maulbeerbäume wachsen. Die *Storegade* war einst die Straße der feinen Leute. Nr. 36, der *Amtmandsgården,* zeugt noch von diesem Wohlstand. In *Grønnegade, Fiskerstræde, Krystalgade* und *Havnega-*

de finden Fotografen jede Menge malerische Winkel.

BORNHOLMS FORSVARSMUSEUM ☼
(U C5) (ᴍ c5)

Stillgestanden – oder die „Dicke Berta" holt zum Gegenschlag aus! Hier gibts massig Kanonen und Panzer zu sehen. Schon erstaunlich, wie stark gerüstet das alte Bornholm bis zum Zweiten Weltkrieg war. Im Verteidigungsmuseum trifft man auf die komplette Militärgeschichte der Insel. Auf dem angrenzenden Galgenhügel *Galløkken* steht noch ein Wehrturm von 1688, der zu einer nie fertiggestellten Zitadelle gehörte. *Arsenalvej 8 | Mai– Sept. Mo–Fr 10–16 Uhr | 55 DKK | bornholmsforsvarsmuseum.dk*

BORNHOLMS MUSEUM
(U D3) (ᴍ d3)

Die Sammlungen zeigen Funde aus der Frühgeschichte, geologische, zoologische und völkerkundliche Exponate und geben mit einem Tante-Emma-Laden, einer Arztpraxis und Wohnstuben Einblick in die „gute alte Zeit". Die wertvollsten Stücke des Museums sind wohl die *goldgubber,* 2300 kleine, in hauchdünnes Blattgold geprägte Figuren, die 1985 in der Nähe von Svaneke gefunden wurden. Sie stammen aus dem 6./7. Jh. und stellen sehr wahrscheinlich Weihegaben dar. *Sankt Mortensgade 29 | Mitte Mai– Juni und Mitte Aug.–Mitte Okt. Mo–Sa, Juli–Mitte Aug. tgl. 10–17, Mitte Okt.–Mitte Mai Mo–Fr 13–16, Sa 11–15 Uhr | 70 DKK | www.bornholmsmuseum.dk*

ERICHSENS GÅRD ★ (U C2) (ᴍ c2)

Erichsens Hof (*gård* heißt Hof, nicht Garten) ist eine Dependance von Bornholms Museum. Das großzügige, aber nicht protzige Bürgerhaus im alten Viertel zwischen Markt und Hafen, 1806 als Tabakfabrik erbaut und 1840 erweitert, war

Das einstige Bürgerhaus Erichsens Gård ist heute als Museum auch für Besucher zugänglich

über 100 Jahre der Wohnsitz der Familie des Kanzleirats Thomas Erichsen. Delikat sind die Legenden um Künstler und Lebenskünstler, die mit diesem Haus und seinen früheren Bewohnern in Verbindung standen: Erinnert wird mit besonderen Räumen an Holger Drachmann (1846–1908), den Malerpoeten aus der weltberühmten Skagener Kolonie, der Erichsens Tochter Vilhelmine, genannt Belli, heiratete; an Kristian Zahrtmann (1843–1917) – auch er malte die schöne Vilhelmine; und an Elisabeth Zahrtmann, seine Schwester, die wiederum einen Erichsen-Sohn ehelichte. *Laksegade 7 | Mitte Mai–Mitte Okt. Fr/Sa 10–16 Uhr | 50 DKK | www.bornholmsmuseum.dk*

HJORTHS FABRIK (U C3) (M c3)
Auch Hjorths Fabrik ist eine Dependance von Bornholms Museum: eine gelungene Mischung aus arbeitender Werkstatt, Museum, Galerie und Verkaufsraum. Das Haus stammt aus dem Jahr 1859 und bietet einen guten Überblick zur Geschichte der industriellen und künstlerischen Keramikherstellung auf Bornholm. *Krystalgade 5 | Mitte Mai–Mitte Okt. Mo–Sa 10–17, März–Mitte Mai und Mitte Okt.–Nov. Mo–Fr 13–17, Sa 10–13 Uhr | 70 DKK | www.bornholmsmuseum.dk*

SANKT NICOLAI KIRKE
(U C3) (M c3)
Die Stadtkirche von Rønne ist Ihnen garantiert schon bei der Ankunft im Hafen ins Auge gefallen. Sie thront gleich neben dem alten Leuchtturm auf einer Anhöhe. Bei so viel maritimem Flair kann sie nur dem hl. Nikolaus, dem Patron der Seefahrer, gewidmet sein. Der Ursprung der Kirche stammt aus dem 13./14. Jh., aber 1915 wurde sie komplett umgebaut und renoviert. Auch wenn Sie kein Fan klassischer Musik sind: Eines der Sommerkonzerte ist ein Muss! Die Atmosphäre und vor allem die Akustik in der Kirche sind sensationell.

RØNNE

ESSEN & TRINKEN

CASA MIA (U C3) (*m c3*)

Das älteste und beste italienische Restaurant der Insel mit dem Flair einer familiären Osteria. Die herzhaften Nudelgerichte und die Pizzen von Vincenzo Guastafierro schmecken so gut wie in Neapel. Probieren Sie mal die „Enzo Spe-

veau. Erlesene Fisch- und Schalentiergerichte und seltene Weine prägen die Speisekarte. *Strandvejen 116 | Tel. 56 90 44 44 | mittags geschl. | €€€*

GREEN SOLUTION HOUSE
RESTAURANT ● (124 B3) (*m B6*)

Nachhaltige Küche unter der Leitung von Küchenchef Kasper Beyer. Serviert wer-

Der Bummel durch die Fachwerkgassen in der Altstadt von Rønne gerät zur nostalgischen Zeitreise

ciale" mit Meeresfrüchten, Käse und schwarzem Pfeffer! *Antoniestræde 3 | Tel. 56 95 95 73 | mittags geschl. | www.casa mia-bornholm.dk | €€€*

FREDENSBORG BADEHOTEL
RESTAURANT (124 B3) (*m B6*)

Rønnes Gourmetlokal im Hotel Fredensborg am Südende der Stadt. Qualität und Preise bewegen sich auf hohem Ni-

den klassische Gerichte, die ausschließlich aus lokalen und biologischen Zutaten hergestellt werden. Auch im angeschlossenen Hotel setzt man ganz auf verantwortungsvollen Umgang mit der Umwelt. Das Restaurant ist sehr beliebt, daher sollten Sie reservieren. *Strandvejen 79 | Tel. 56 95 19 13 | So nur Brunch 9–12 Uhr | www.greensolutionhouse.dk | €€–€€€*

GS KØKKEN ☙ (U C2) (🗺 c2)

Hier kocht mit Claus Seest Dam einer der besten Köche der Insel. Butterzart der Kalbsbraten, ein Trüffelcarpaccio zum Niederknien, himmlisch das mit Marzipan verfeinerte Walnusseis – und zu alldem ein Blick auf die Ostsee, den Sie so schnell nicht vergessen werden. Reservieren! *Nordre Kystvej 34 im Hotel Griffen | Tel. 56 90 42 44 | mittags geschl. | €€€*

CAFÉ GUSTAV (U C3) (🗺 c3)

Beliebter Pausenplatz am Markt, guter Cappuccino, Bier vom Fass, leckere Sandwiches. *Store Torv 8 | Tel. 56 91 00 47 | tgl.*

CAFÉ KAAS ☙ (U B3) (🗺 b3)

Direkt am Hafen mit traumhaftem Blick auf Rønne und die Westküste. Dass der Kuchen selbst gebacken ist, schmeckt man. Von Juni bis August finden auch Grillabende statt. Außerdem gibts hier das wohl beste Frühstück der Insel mit selbst gebackenem Brot, Inselkäse und Bornholmer Wurst. *Bådehavnsvej 15 | Tel. 28 89 71 40 | Ostern–Mitte Okt. tgl. 11–17, Juli/Aug. 7–21 Uhr*

EINKAUFEN

BORNHOLMS BÆR ☙
(124 C4) (🗺 c6)

So fruchtige und frische Blaubeeren haben Sie wahrscheinlich noch nie gegessen! Im Sommer können Besucher an einigen ausgewählten Terminen auf der ältesten Plantage der Insel die Beeren selber pflücken oder am Obststand kaufen. *Skrædderbakkevejen | www.born baer.dk*

BORNHOLMS THEHANDEL 🌿
(U C3) (🗺 c3)

Die größte Auswahl an Tee und Kaffee auf der Insel, teils aus Bioanbau. *Lille Torv 5b*

IM GENBRUG (U D1) (🗺 d1)

Gebraucht und für einen guten Zweck! In diesem Geschäft der diakonischen Inneren Mission finden Sie Kleidung und Haushaltswaren zum Schnäppchenpreis. *Haslevej 2*

INSIDER TIPP OSTE-HJØRNET
(U C–D3) (🗺 c–d3)

Seit über 20 Jahren stillt Birgit Gren Hansen den Hunger der Bornholmer nach Delikatessen. Hier gibt es die besten Käse der ganzen Insel. Daneben bekommt man im Oste-Hjørnet (zu Deutsch: „Die Käseecke") frisches Brot, herzhaften Aufschnitt und andere auf Bornholm produzierte Spezialitäten. *Østergade 40 b*

KUNSTHANDWERK

EVA BRANDT (U C4) (🗺 c4)

Bewährt und renommiert: Die Keramikerin Eva Brandt aus Jütland hat sich auf Steingut in klassischen Formen und Farben spezialisiert. *Larsegade 23*

FREIZEIT & SPORT

GRIFFEN HOTEL & WELLNESS ●
(U C2) (🗺 c2)

Im Hotel Griffen befindet sich das beste Wellnesscenter der Insel. Auf einer Fläche von 1000 m² umfasst das Angebot u. a. einen Massagepool, einen Outdoorjacuzzi und ein ☙ Salzwasserbad mit Meerblick, verschiedene Saunen und einen Hamam. *Nordre Kystvej 34 | Mo–Fr 15–21, Sa 11.30–20, So 11.30–18 Uhr | 250 DKK*

AM ABEND

Rønne ist eine Kleinstadt mit nicht mal 14 000 Ew. – entsprechend übersichtlich ist das Nachtleben, das sich rund um den Store Torv abspielt. Junge Leute treffen sich im *Krystal Bodega (Krystalgade 20*

(U C3) (💮 c3)) auf ein Bier oder zum Billardspielen. Aus den Boxen dröhnen die aktuellen Charts. Freitags und samstags ist die Bar bis 5 Uhr früh geöffnet. Am gemütlichsten ist es im irischen Pub *O'Malley (Store Torvegade 2* (U C3) (💮 c3)) mit seinem gemischten Publikum aus verliebten Pärchen, alleinstehenden Insulanern und Freundescliquen. In Dänemark werden Kinofilme nicht chronisiert, sondern untertitelt; daher kommen Sie im einzigen Kino der Insel, dem *Rønne Bio (Nørregade 2* (U C3) (💮 c3) | *www.ronnebio.dk),* in den Genuss, einen Hollywoodfilm im Original ansehen zu können. Und wenn Sie Glück haben, steht im *Musikhuzet (Store Torv 6* (U C3) (💮 c3) | *www.musikhuzet.dk)* ein Konzert auf dem Programm: Dänemarks beste Bands spielen hier Rock, Salsa, Blues oder Punk. Nachtschwärmer können dann weiter in die Disco *Palæcaféen (Store Torvegade 20* (U C3) (💮 c3) | *Fr/ Sa 23–5 Uhr)* ziehen.

Hinter einem schlichten Fachwerkhaus im historischen Südviertel verbirgt sich Dänemarks ältester Musentempel, das *Rønne Teater (Teaterstræde 2* (U C3) (💮 c3) | *Tel. 56 95 07 32* | *www.bornholms teater.dk).* Seit der Premiere 1823 hat sich so gut wie nichts verändert. Die fröhliche Plüschatmosphäre nimmt auch Gäste gefangen, die nicht allen Details der meist heiteren Handlung folgen können.

ÜBERNACHTEN

FREDENSBORG BADEHOTEL 🌿
(124 B3) (💮 B6)
Das ehemalige Radisson wurde 2018 komplett umgebaut. Freuen Sie sich auf helle Zimmer, eine moderne Einrichtung und einen unvergesslichen Blick aufs Meer im besten Hotel der Insel. *72 Zi.* | *Strandvejen 116* | *Tel. 56 90 44 44* | *born holmhotels.dk* | €€€

GRIFFEN HOTEL & WELLNESS
(U C2) (💮 c2)
Eines der besten Wellnesshotels in Skandinavien: Die 148 Zimmer wurden 2017 komplett renoviert, die neue Einrichtung entwarf die Inselkünstlerin Pernille Bülow. Riesiger Spabereich u. a. mit Saunen, Dampfbad und Nassofen. *Nordre Kystvej 34* | *Tel. 56 90 42 44* | *bornholm hotels.dk* | €€€

JUGENDHERBERGE (VANDRERHJEM) 🌿 (U C5) (💮 c5)
Schön und ruhig gelegen hinter dem Verteidigungsmuseum. *Arsenalvej 12* | *Tel. 56 95 13 40* | *www.roennevandrerhjem. dk* | €

DET LILLE HOTEL (U C3) (💮 c3)
Familiengeführtes Hotel. Helle und gemütliche Zimmer mit Flatscreen-Fernseher und kostenlosem Highspeed-Internetzugang. Tagsüber gibts gratis Kaffee, Tee und Kakao. *Ellekongstræde 2* | *Tel. 56 90 77 00* | *detlillehotel.dk* | €–€€

AUSKUNFT

BORNHOLMS VELKOMSTCENTER
(U B3) (💮 b3)
Nordre Kystvej 3 | *Tel. 56 95 95 00* | *www. bornholm.info*

ZIELE IN DER UMGEBUNG

ARNAGER (124 C4) (💮 C7)
Noch so ein kleiner, idyllischer Inselort, wo sich Hund und Katze gute Nacht sagen? Von wegen! Idyllisch ja, aber von Langeweile keine Spur. Wer traut sich bei stürmischer See über die längste Holzbrücke Nordeuropas zum Hafen hinaus? Die Seeluft macht hungrig. Also immer dem duftenden Rauch der Öfen nach. Der Räucherlachs mit Spargel in der *Arnager Røgeri (Arnagervej 4* | *Mai–Sept.*

In einer alten Schmiede in Nyker betreibt Bente Hammer ihre Werkstatt für Textildesign

tgl. 12–20 Uhr | arnager-rogeri.dk | €–€€) ist ein Gaumenschmaus der Extraklasse – und wird gelegentlich vom Rattern einer landenden Propellermaschine begleitet, denn der Inselflughafen grenzt direkt an den Ort.

Wie wäre es also, wo Sie schon mal hier sind, mit einem ☀ *Inselrundflug (tgl. | Tel. 56 95 56 00 | www.bornfly.dk)* in einer Cessna? Je nach Saison und Tour gibt es das schon ab 27 Euro pro Person. Am schönsten ist es bei Sonnenuntergang, wenn die Sonne wie ein glutroter Ball im Meer versinkt.

KNUDS KIRKE (124 C2–3) (🗺 C5)

Die kleinste Kirche der Insel, Ende des 12. Jhs. im romanischen Stil erbaut, ist viel zu schön, um übersehen zu werden. Sie steht 4 km von Rønne entfernt in der nach ihr benannten Siedlung *Knudsker.* Das Mobiliar ist eine Mischung aus anmutiger Schlichtheit und traumhafter Malerei.

NYKER ⭐ (124 C1) (🗺 C4–5)

Die kleinste Rundkirche der Insel, die Ny Kirke 6 km nordöstlich im Dörfchen Nyker, ist mit ihrer geschnitzten Kanzel und einem traumhaft bemalten Fries auch ihre schönste. Aber machen Sie nicht den Fehler, Nyker nur auf seine Kirche zu reduzieren. Die handbedruckten Klamotten der Künstlerin *Bente Hammer (Hovedgade 32 | www.bentehammer.dk)* sind etwas ganz Besonderes. Und im **INSIDER TIPP** ▶ Blumenladen *Kvist & Kvas (Hovedgade 45)* ist jeder Strauß ein kleines Kunstwerk – kaum zu glauben, was man alles aus Blumen binden kann. Das ist nicht der übliche Inselnippes! Viele Gebinde und Gestecke sind auch aus Geäst oder Steinpflanzen gemacht und können problemlos mit nach Hause genommen werden.

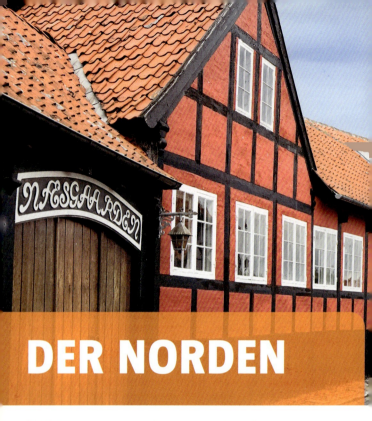

DER NORDEN

Die Nordkappe: gerade mal 12 km von Helligdommen bis Sandvig, höchstens 4 km von den Stränden bei Sandkås bis Hammeren, dem Knubbel im Nordwesten. Dieses ist die bei weitem kleinste, aber womöglich die vielfältigste aller Bornholmer Regionen.

Nirgendwo wechselt auf so kurze Distanz die Landschaft so rasch, nirgendwo sind aufregendere, gewaltigere Relikte der Vergangenheit zu bewundern, nirgendwo liegen die Stille einer märchenhaften Fels- und Seenlandschaft und der maßvolle Trubel einer traditionsreichen Badeküste so nah beieinander. Hier oben hat auch der Fremdenverkehr angefangen. Ende des 19. Jhs. reisten wohlhabende Deutsche zur Erholung nach Allinge, bald darauf auch in die Nachbarorte; der Begriff „Bornholmer Riviera" setzte sich durch, halb stolz, halb spöttisch gemeint.

ALLINGE-SANDVIG

(120 C1–2) (*ill* C1) Beide Orte sind mit Fischfang und Heringshandel groß und mit dem Niedergang dieser Ertragsquellen um 1800 wieder bedeutungslos geworden, bis der Fremdenverkehr begann. Zum Schlendern eignet sich vor allem das freundliche, von hübschen Fachwerkhäusern geprägte Allinge. In der *Havnegade,* dem Flaniersträßchen am Hafen, treffen sich Segler und andere Touristen zum Café- und Boutiquenbummel.

Eine mächtige Burgruine, verwunschene Seen, heilige Klippen – und gemütliche Badeorte mit dem Charme von gestern

SEHENSWERTES

ALLINGE KIRKE

Das ockergelbe Gotteshaus war ursprünglich nur eine kleine Kapelle. Zu einer „richtigen" Kirche wurde sie erst Anfang des 20. Jhs. ausgebaut. Innen ist sie eher maritim und freundlich-hell in Pastellfarben gestrichen. Kurios ist die Turmuhr: Sie besitzt keine Neun. Angeblich wusste der Maler nicht, wie man eine römische Neun (IX) schreibt und ließ sie einfach weg. *Kirkeplads 5*

BORNHOLMS BOLCHEVÆRKSTED

Liselotte Funch fertigt feinste Bonbons per Hand. Im Sommer können Sie die Werkstatt der kreativen Bornholmerin am Hafen von Allinge besuchen und ihr in ihrer *bolchekogeriet* („Bonbonküche") über die Schulter schauen. Es duftet wie früher auf einer Dorfkirmes nach Karamell, Anis und Lakritz. Dieser süßen Versuchung kann keiner widerstehen. *Sverigesvej 6 | Juni tgl. 11–17, Juli 10–18, Aug. Mo–Fr 11–16.30, Sa/So 11–15 Uhr | www. bornholmsbolchevaerksted.dk*

Cafés, Boutiquen, Yachtspotting: Die Havnegade ist Allinges Bummelboulevard

MADSEBAKKE

Mehrere Wege führen nach Norden, zur kleinen Schwestergemeinde Sandvig. Besonders schön ist der Rad- und Fußpfad über die alte Bahntrasse. Da lässt sich ein Abstecher zu Dänemarks größter und bedeutendster Felsfläche mit Symbolen und Zeichnungen aus der Bronzezeit einbauen. Sie hatten damals – zwischen 1800 und 500 v. Chr. – vermutlich einen kultisch-religiösen Sinn. Wissenschaftliche Außenseiter meinen allerdings, dass sie Lehrmaterial für eine Nautikschule der Wikinger gewesen seien. 2004 entdeckte hier Mogens Jensen vom Bornholms Museum auf einem Felsen mit Blick auf Ostsee und Erbseninseln INSIDER TIPP bisher unbekannte Zeichnungen, das größte und nun bedeutendste Feld mit „Comics aus der Vergangenheit" überhaupt. Dazu gehören Schiffstypen, wie man sie bisher auf Bornholm noch nicht auf Felsen gemalt gesehen hat. Auch sie stammen aus der Bronzezeit, sind etwa 2600 Jahre alt.

INSIDER TIPP TEKNISKE SAMLING

Das familiär geführte Museum ist spannender als sein Name, Technische Sammlung, vermuten lässt: Werkzeug, Spielsachen, Radios, alte Trecker – Technik und Bauernkultur aus der ersten Hälfte des 20. Jhs. *Børrelyngvej 48 (3 km von Allinge in Richtung Hasle) | Mai–Mitte Okt. tgl. 10–17 Uhr | 75 DKK | www.bornteksamling.dk*

ESSEN & TRINKEN

ELLA'S KONDITORI

Dieses Café in Sandvig, das eigentlich ein Gartenlokal ist, zu dem herrlich großmütterliche Stuben gehören, ist noch immer eine Institution. Die Bornholmer Traditionalisten, unter den Urlaubern mindestens so zahlreich wie unter den Einheimischen, nehmen in Kauf, dass inzwischen manches angestaubt wirkt: das Mobiliar, der Service und vor allem das Speiseangebot. Nur die Preise sind längst im 21. Jh. angekommen. *Strandgade 42 | Tel. 56 48 03 29 | Mai–Okt. tgl. | €€*

INSIDER TIPP ▶ GÆSTGIVEREN

Schrill, unverfälscht und einzigartig! Hier stehen Künstler wie die dänische Band Lukas Graham auf der Gartenbühne und verwandeln die Straßen von Allinge in eine Open-Air-Bühne. Täglich wird ein vegetarisches Buffet aus Bornholmer Produktion serviert. Gegessen wird an Gartentischen oder an der Open-Air-Bar. Auch übernachten kann man hier, in Themenzimmern wie „Kuba" oder „Miss-Sky-Blue". *Theaterstræde 2 | Tel. 56 44 62 30 | außer Mitte Juni–Mitte Aug. So geschl. | www.gaestgiveren.dk | €*

DET GAMLE POSTHUS

Sympathisches Restaurant am Kirchplatz von Allinge, bodenständig in Angebot und Ambiente, fröhlich im Service. Das Haus stammt von 1761, von 1905 an war hier gut 100 Jahre lang das Postamt untergebracht. Wirtin Karina Nybo kennt sich sehr gut mit Küchenkräutern aus, die sie in der Bornholmer Natur sammelt. Im Sommer oft Livemusik. *Kirkegade 8 | Tel. 56 48 10 42 | tgl. | €€*

INSIDER TIPP ▶ MARGERITTEN

Nicht weit von der Alten Post in Allinge entfernt und ebenfalls eine angenehme Bereicherung der Restaurantszene im Inselnorden: Gutbürgerlich ist das Angebot, familiär und freundlich die Atmosphäre. Mittags stehen traditionelle *frokost*-Speisen auf der Karte und auch abends dominieren bekannte dänische Köstlichkeiten das Angebot. Spezialität des Hauses sind die marinierten Spareribs. *Kirkepladsen | Tel. 56 48 22 09 | www. margeritten.dk | mittags geschl. | €€*

NORDBORNHOLMS RØGERI ★ ●

Für viele Liebhaber der „goldenen Bornholmer" ist dies die beste Räucherei im Norden Bornholms. Ihre Ursprünge gehen auf das Jahr 1898 zurück. Hier gibt es das größte Fisch- und Meeresfrüchtebuffet der Insel. Pommes frites, Salate und ein Eis zum Dessert sind im Preis enthalten, Kinder unter fünf Jahren speisen kostenlos. *Kæmpestranden 2 | März– Okt. tgl. | www.nbr.dk | €*

CAFÉ VÆRFTET

Die neuen Betreiber Morten und Kristina führen die Tradition weiter: Die Gäste

---

speisen im Ambiente eines Museums, überall Schiffsmodelle, alte Karten, Nippes, Porzellan. Und der Kult lebt wieder auf: Fast täglich kommt Antikes von nah und fern. So bunt wie das Lokal ist auch die Speisekarte: Fisch- und Fleischgerichte, Vegetarisches und Angebote für Kinder. *Jernbanegade 3 | Tel. 56 48 04 34 | Mi 16–20, Do–Sa 12–22, So 12–20 Uhr | www.cafevaerftet.dk | €*

EINKAUFEN

MARKT ☻
Über 50 Marktstände randvoll mit Trödel aller Art. Inselspezialitäten, Bekleidung, Bücher und reihenweise kulinarische Leckerbissen warten an der Promenade von Sandvig. *Juni–Sept. Di 17–20 Uhr*

FREIZEIT & SPORT

LEWEL WELLNESSCENTER
Für Tanja Sørensen ist Wellness weit mehr als Schwimmbad und Sauna. Alle Behandlungen orientieren sich am bulgarischen Konzept, Männer und Frauen kommen gleichermaßen auf ihre Kosten. Angeboten werden u. a. Gesichtspflege, Ganzkörpermassagen, Haarkuren und Maniküre, und das zu akzeptablen Preisen. *Strandvejen 99 | Tel. 40 30 01 15 | April–Okt. tgl. 8–22 Uhr | www.lewel.dk*

SANDVIG MINIGOLF
Eine Tour de Bornholm per Minigolf: Auf dem nostalgischen Minigolfplatz schmettern Sie den Ball durch ein Fährschiff oder lassen ihn durch die Rundkirche von Østerlars kullern. *Strandvejen | Sommer tgl. 12–22 Uhr | 50 DKK/Pers. | www.sandvigminigolf.dk*

SCHNORCHELTOUR
So bunt wie auf den Malediven sind die Fische zwar nicht, aber auch Dorsche und Schollen sind nett anzuschauen. Mit einem Taucher und einem Meeresbiologen geht es zum Schnorcheln zu den Robben hinaus. *Ab 1500 DKK/Pers. | www.boatingbornholm.dk*

STRAND

NÆS STRAND ☻
Klein, aber feinsandig, flach abfallend und somit ideal für Kinder ist der südliche Strand von Allinge. Eine Badeleiter führt direkt ins Wasser. Vom Strand kann man die Küste entlang bis nach Sandkås wandern. *Parkplatz Løsebæksgade*

ÜBERNACHTEN

PENSION LANGEBJERG
Traditionsreiches und beliebtes Haus in Sandvig mit 14 hellen Zimmern und Wohnungen im nordischen Stil. Highlight ist der 4000 m^2 große ❄ Garten mit traumhafter Aussicht auf die Ostsee und Hammeren. *Langebjergvej 7 | Tel. 56 48 02 98 | www.langebjerg.dk | €–€€*

MAISON DU NORD
Drei topmoderne Wohnungen mit Gartenbereich. Ruhe Suchende finden hier pure Entspannung und innere Einkehr: Laut sein verboten! *Storegade 4 | Tel. 22 90 60 61 | www.maisondunord.dk | €€€*

NORDLANDET ❄
Die 17 hellen Zimmer im skandinavischen Stil mit traumhaftem Blick auf die Ostsee wärmen die Seele auch an regnerischen Tagen. Wunderschön ist es auch, abends bei Kerzenlicht auf der Terrasse ein Glas Wein zu genießen. *Strandvejen 68 | Tel. 56 48 03 44 | www.nordlandet.dk | €€*

PEPITA
Hier schlafen Sie in historischen Gemäuern: Das Haus wurde bereits 1650 erbaut

und seit 1854 als Hotel geführt. Besitzerin Marianne Bay Jacobsen lädt in Zimmer unterschiedlicher Größe, zum Teil mit Meerblick, was nicht zuletzt am Zuschnitt des alten Fachwerkbaus liegt. Das Restaurant bietet am Abend ein All-inclusive-Buffet an. *Langebjergvej 1 | Tel. 56 48 04 51 | www.pepita.dk | €€*

STORLØKKE FERIEPARK

Große Gartenanlage und gemütlich eingerichtete Ferienhäuser für zwei bis sechs Personen – ideal für Familien. Während die Eltern in den Hängematten oder am Pool relaxen, werden die Kinder im Kidsclub betreut. *Genvej 2–4 | Tel. 56 95 85 66 | teambornholm.dk*

AUSKUNFT

NORDBORNHOLMS TURISTBUREAU
Sverigesvej 11 | Allinge | Tel. 56 95 95 00 | www.bornholm.info

ZIELE IN DER UMGEBUNG

HAMMEREN ⭐ 🔵
(120 B–C 1–2) (*C1*)

Wie eine Halbinsel ist dieser steile Granitfelsen (auch Hammerknude genannt) vom Rest der Insel abgetrennt. Nirgendwo sonst auf Bornholm genießen Sie eine so unvergleichliche Aussicht. Bei Outdoor-Aktivitäten erleben Sie Adrenalinkicks und die Natur präsentiert sich besonders vielfältig. Das kleine Paradies entdeckt man am besten auf dem *Rettungsweg,* einem für dänische Verhältnisse durchaus anspruchsvollen Wanderweg, der um Hammeren herumführt. Er gehört zu den schönsten Wanderwegen Dänemarks. In gemächlichem Tempo schaffen Sie die 7 km in drei Stunden und genießen unterwegs das Farbenspiel der gelben Wandflechte, des saftig-grünen Tüpfelfarns und des lila blühenden Heidekrauts. Außer anderen

Bornholms nördlichsten Punkt markiert der Leuchtturm Hammer Fyr auf der Halbinsel Hammeren

Wanderern werden Sie vermutlich auch einigen der über 600 Schafe und Lämmer begegnen, die hier ein Leben in Wind und Salzluft führen. Das aromatische Fleisch des *hammershuslam* wird in ausgewählten Restaurants schmackhaft zubereitet. Man kann es aber auch im Hofladen *Den Bornholmske Gårdbutik (Bjerrebakkeveien 2 | www.den-bornholm*

Garantiert frei von Kindergeschrei ist das *Hotel Hammersø (40 Zi. | Hammershusvej 86 | Tel. 56 48 03 64 | www.hotel-hammersoe.dk | €€)*, das sich auf Erwachsenenurlaub spezialisiert hat. Vom ☼ Außenpool haben Sie einen traumhaften Blick auf den See. In der *Pension Lindesdal (12 Zi. | Hammersøvej 1 | Tel. 30 62 36 80 | www.lindesdal.dk | €–€€)*

Einst Steinbruch, heute Ausflugsziel und Angelsee: der Opalsø auf Hammeren

ske-gaardbutik.dk) kaufen, der sich allerdings in Vestermarie bei Rønne befindet. Machen Sie unterwegs halt an der Kirchenruine *Salomons Kapel* aus dem 14. Jh. Hier beteten Heringsfänger und Hansekaufleute um guten Fang und gutes Geschäft.

Das Herzstück von Hammeren ist der *Hammersø*. Der See liegt am Fuß der Talsohle, die Hammeren vom Rest der Insel trennt. Er ist natürlichen Ursprungs, während die beiden zauberhaften kleinen Seen, die wie Juwelen oberhalb des Hammersø glänzen, *Opalsø* und *Krystalsø*, wassergefüllte Steinbrüche sind.

dagegen können Kinder nach Lust und Laune toben und es gibt geräumige Familienzimmer. Die Kopenhagener Stine und Kasper haben sich mit der Pension in Seenähe einen Traum erfüllt.

Ganz unerwartet in dieser ruhigen Gegend, können Sie hier puren Nervenkitzel erleben: Stürzen Sie sich mit der *Tovbanen (Hammersøvej 4 | Juli–Mitte Aug. tgl. 10–17 Uhr | 150 DKK | www.tovbanen.dk)* nur an einem Seil befestigt **INSIDER TIPP** mit 70 km/h knapp 250 m vom Felsen hinab in den Opalsø! Aus einer Laune heraus kamen einige Insulaner auf die Idee, eine Seilbahn über den See zu bauen. 2001 machten sie die ersten Versuche. Daraus ist inzwischen eine professionelle Bahn geworden. Handtuch und Badesachen müssen mitgebracht werden! Das reicht Ihnen noch nicht? Dann buchen Sie doch einen *Rapelling-Kurs (ab 350 DKK | www.bornholmsoutdoorcenter.dk)* und seilen Sie sich 48 m über die steilen Felsen des Sees ab.

Schon wegen der traumhaften Aussicht sollten Sie die 62 Stufen des ☀ Leuchtturms *Hammer Fyr (in der Saison tgl. 10 Uhr–Einbruch der Dunkelheit | Eintritt frei)* bis zur Aussichtsplattform erklimmen. Nach diesen sportlichen Höchstleistungen haben Sie sich eine Pause am *Hammerhavns Kiosken (Sænevej | tgl. 10–18, im Sommer 9–21 Uhr)* verdient. Marie Knudsen serviert hier leckere Sandwiches für wenig Geld. Lassen Sie sich ihr legendäres St. Clemens Sandwich mit Blauschimmelkäse aus der Bornholmer Meierei und Rucola-Bärlauch-Pesto nicht entgehen!

HAMMERSHUS ★ ☀
(120 B2) (*C1*)

Hammershus ist die größte Burgruine Nordeuropas und die meistbesuchte Sehenswürdigkeit der Insel. Warum? Das ist schnell erklärt: Hier erleben Sie Geschichte hautnah und die Lage der Burg ist einzigartig: Knapp 2,5 km von Sandvig entfernt, steht die machtvoll wirkende Ruine auf der Spitze eines glatten Felsens. Beschriftungen lassen die alte Zeit lebendig werden. Sie weisen z. B. darauf hin, dass hier im frühen 17. Jh. jährlich unter anderem 12 t Rindfleisch, 5 t Salzhering, 10 t Dorsch und 1 t Essig verbraten und verzehrt wurden. Das machte Durst. Deshalb ging die Gerste, die von den Bauern geliefert wurde, eher für Bier als für Brot drauf: Die alten Ritter und ihre Helfer schluckten nämlich täglich angeblich 10 l davon – pro Kopf!

Knapp 200 m östlich der Ruine wurde 2018 das neue *Besucherzentrum (März/April und Sept./Okt. tgl. 10–17, Mai/Juni 10–18, Juli/Aug. 10–21 Uhr | Eintritt frei)* fertiggestellt, das in einen Felshang hineingebaut ist. Von den ☀ Terrassen genießen Sie einen einmaligen Blick auf die Burgruine. Wer die Ausstellung besucht, bekommt schnell einen Eindruck vom Leben auf der Burg. Im Familienrestaurant *Bobba Bella (Juli/Aug. tgl., Nebensaison Fr–So 12–20 Uhr | www.bobbabella.dk | €)* bekommen Sie Fast-Food-Gerichte.

MOSELØKKEN (120 C2) (*C1*)

Helm und Brille auf, Presslufthammer in die Hand! Nun dürfen Sie sich in dem alten Granitwerk als Bornholmer Steinhacker fühlen und den riesigen Steinen mal zeigen, was in Ihnen steckt. Daneben bekommen Sie Einblicke in die Geschichte des Steinbruchs und schauen Steinmetzen über die Schulter. *Mai–Sept. Mo–Fr 9–16 Uhr | 80 DKK | www.moseloekken.dk*

LOW BUDG€T

Die Burgruine *Hammershus* ist mitsamt dem neuen Besucherzentrum und dessen Ausstellungen das ganze Jahr über kostenlos zu besichtigen.

Allinge und Sandvig zählen zu den Touristenhochburgen der Insel und dementsprechend dicht ist die Ansiedlung von Restaurants, Pizzerien, Pubs und Kneipen. Konkurrenz belebt das Geschäft – das trifft auch hier zu. Achten Sie daher auf besondere Angebote wie Happy Hour oder sonstige Schnäppchen. Auch gibt es mancherorts Livemusik gratis dazu.

SLOTSLYNGEN ★
(120 B2–3) (*CD C1–2*)

Das große Heidegebiet, das sich südlich von Hammershus bis kurz vor Vang hinzieht, ist ein schönes Wandergebiet. Folgen Sie vom Parkplatz Finnedalen im südlichen Teil der Heide (nördlich von Vang) dem Küstenweg Richtung Paradisdalen und Ruine.

TEJN-SANDKÅS

(121 D3) (*CD D2*) **Aus dem einst eher beschaulichen Fischerdorf Tejn ist mittlerweile ein moderner Fischereihafen geworden, der inzwischen drittgrößte nach Rønne und Nexø.**

Der Ortsteil Sandkås, der sich nördlich an Tejn anschließt, hat keinen Ortskern und überhaupt kein eigenes dörfliches Gepräge. Mehrere gute Hotels und vor allem zwei schöne Strände haben aus Sandkås jedoch ein (ruhiges) Zentrum des Fremdenverkehrs zwischen Gudhjem und Allinge gemacht.

KUNSTHANDWERK

LENNY GOLDENBERG

Der freundliche Kanadier, der da tief im Wald seit Jahrzehnten erfolgreich arbeitet, gehört ganz sicher zu den ideenreichsten unter den Bornholmer Keramikkünstlern. Er stellt so nützliche Dinge wie Brotkästen, Regale und Mörser her, schafft aber auch so spannende Sachen wie steinerne Bücher auf Säulen. Die Suche nach dem *Fåregårdsvej 20,* etwa 2 km von Tejn nach Westen, lohnt sich allemal. Geöffnet ist, „wenn ich zu Hause bin ..." *(Tel. 56 48 43 01).* Verkauf auch im Kunsthandwerkerladen in Svaneke *(Bykilden 1).*

INSIDER TIPP ▸ PER SUNTUM

Der Juwelier am Ortsrand von Tejn zählt zu den herausragenden Schmuckkünstlern, die über die Insel hinaus Renommee erworben haben. Seine filigranen Broschen, Ohrringe und anderen Objekte, zum Teil in Zusammenarbeit mit der Japanerin Kaori Juzu aus Allinge entworfen, werden auf Ausstellungen in aller Welt gezeigt. Besuche sind willkommen, wenn Sie sich zuvor angemeldet haben. *Møllegade 11 | Tel. 56 44 22 20*

ÜBERNACHTEN

ABILDGÅRD ☆

Das einzige All-inclusive-Hotel der Insel – neben Übernachtung, Speisen und Getränken ist sogar die Fährüberfahrt im Pauschalpreis enthalten. Viele Zimmer bieten eine phantastische Aussicht über die Ostsee. Günstige Angebote für Familien. *83 Zi. | Tejnvej 100 | Tel. 56 48 09 55 | www.juhls-hoteller.dk | €€*

FRIHEDEN

Gutes Mittelklassehotel in Sandkås mit kleinem Wellnesscenter, WLAN und Frühstücksbuffet inklusive; günstige Pauschalangebote. *56 Zi., 10 Apartments | Tejnvej 80 | Tel. 56 48 04 25 | www.juhls-hoteller.dk | €€*

ZIELE IN DER UMGEBUNG

INSIDER TIPP ▸ DØNDALEN
(121 D–E4) (*CD D–E2*)

Eine imposante Felsschlucht mit Dänemarks größtem Wasserfall (20 m); nach seinem Tosen oder Donnern ist das ganze Tal benannt. Der Weg zum „Donnertal" 4 km südlich von Tejn geht zwischen Helligdommen und Stammershalle von der Küstenstraße ab. ● Bärlauchsammler haben es hier leicht: Das Lauchgewächs kommt in Massen vor, der intensive

Knoblauchgeruch ist im Frühjahr schon bei der Anfahrt zu spüren.

HELLIGDOMMEN UND BORNHOLMS KUNSTMUSEUM ★ ● ☼
(121 E4) (ᗰ E2)

Helligdomsklipperne ist eine Schären- und Felsenküste, die am eindrucksvollsten von der Wasserseite wirkt. Der eigentliche Magnet an diesem Küstenabschnitt gut 5 km südlich von Tejn ist aber das Bornholms Kunstmuseum, architektonisch eine gelungene Verbindung von Natur, Kunst und Bornholmer Kreativität. Äußerlich wie in seinen Exponaten und Sonderschauen spiegelt das Haus die Verbindungen sehr unterschiedlicher Künstler zu dieser Insel wider. Im Mittelpunkt der Ausstellungen stehen Malerei, Keramik und Glas. Natürlich ist die sogenannte Bornholmer Malerschule (z. B. Karl Isakson, Kræsten Iversen und Oluf Høst) herausragend vertreten. Wie verbunden sich die Insulaner mit ihrem Kunstmuseum fühlen, beweist ihre Spendenfreudigkeit: So wurde, wie schon zehn Jahre zuvor das Haupthaus, auch der großzügige Anbau ausschließlich von privaten Stiftungen finanziert. Achten Sie auf das Rinnsal, das sich durch den Bau zieht: Es ist der Bach, der aus der benachbarten „heiligen" Quelle (*helligdommen* heißt Heiligtum und war schon in grauer Vorzeit ein Kultplatz) entspringt und in die Ostsee mündet. *Juni–Aug. tgl., April/Mai und Sept./Okt. Di–So 10–17, Nov.–März Do/Fr 13–17, Sa/So 10–17 Uhr | 70 DKK | www.bornholms-kunstmuseum.dk*

SANKT OLS KIRKE ★ (120 C3) (ᗰ C2)

Die um 1150 entstandene Kirche 2 km westlich im Dorf *Olsker* ragt so weit übers Land hinaus, dass Seeleute den Kurs nach ihr ausrichten. Wie die anderen Rundkirchen war sie einst eine wehrhafte Zufluchtsstätte. Der Glockenturm steht auch hier separat. Sehenswert sind die schöne Renaissancekanzel, ein alter Taufstein und ein moderner Keramikaltar des heimischen Künstlers Gunnar Hansen. *Mo–Fr 8–17 Uhr | 10 DKK*

So beschaulich und unspektakulär wie der Ort präsentiert sich auch sein Strand: Sandkås

OSTKÜSTE UND CHRISTIANSØ

Svaneke oder Gudhjem – welches Städtchen ist malerischer, idyllischer, schöner? Es ist ein müßiges Spiel. Unstrittig ist nur dies: Der Weg zwischen den beiden Orten ist so eine Art Highway No. 1 von Bornholm und vielleicht sogar die schönste Küstenstraße von ganz Dänemark.

Das Meer als Naturwunder – nirgendwo wird es so deutlich wie hier. Schauen Sie sich an, wie die Ostsee das Land ausgewaschen, geformt und geprägt hat: Betrachten Sie die gewaltigen Granitblöcke an den Klippen von Randkløve – gut 20 m hoch erheben sie sich hier. Dann wandert der Blick über die See nach Osten, hinüber nach Christiansø zu den sogenannten Erbseninseln, den Ertholmene.

ERTHOLMENE

(123 E–F1) (⌘ H–J1) ⭐ 🔵 Ertholmene, „Erbseninseln", ist der offizielle Name für die winzige Inselgruppe östlich von Bornholm.

Keiner weiß, ob der Name wirklich vom dänischen Wort für Erbsen *(ærter)* abgeleitet ist. Einige Schären, ein paar Felsen und drei Inselchen – zwei davon sind mit insgesamt gut 80 Ew. besiedelt – bilden den kleinen Archipel.

SEHENSWERTES

CHRISTIANSØ

Auf der größten der Erbseninseln (710 m lang, 430 m breit) fällt Ihnen als Erstes

der 1684 errichtete *Store Tårn* ins Auge, der Große Turm. Spazieren Sie vorbei an der Kirche mit ihren kalkweißen Innenwänden, dem Glockenturm und den zauberhaften Gärten auf dem Oberland. Das Geschnatter der Eiderenten werden Sie noch lange in den Ohren haben. Die Wasservögel leben hier in Scharen. *www.christiansoe.dk*

FREDERIKSØ
Trauen Sie sich über die alte Hängebrücke aus dem Jahr 1912 auf die Nachbarinsel? Hier wartet im kleinen, 1685–87 erbauten Turm das Museum *Lille Tårn (Öffnungszeiten auf Fährüberfahrten abgestimmt | 40 DKK)* mit Erinnerungen an die Festungszeit. Er diente einst als Wachturm mit Pulverkammer und während der Choleraepidemie als Lazarett.

ÜBERFAHRT
Von Gudhjem fahren in der Saison täglich mehrere Schiffe nach Christiansø. Die etwa einstündige Fahrt kostet in der

Hochsaison 250 DKK hin und zurück. *www.christiansoefarten.dk*

ESSEN & TRINKEN ÜBERNACHTEN

INSIDER TIPP ▶ CHRISTIANSØ GÆSTGIVERI ☼

Ein historisches Restaurant und Hotel mit 100 Jahren Tradition! Hering in Kräutersauce, ein kühles Bier an der Outdoor-Bar und dabei den unvergesslichen Sonnenuntergang einfangen. *Tgl. | 6 Zi. | Tel. 56 46 20 15 | €€*

Besonders malerisch ist der *Hafen,* in dessen Mitte Bornholms betriebsamste Jugendherberge in einem alten Kaufmannshof untergebracht ist.

SEHENSWERTES

INSIDER TIPP ▶ GRÅMYR

Nach Reinigung und Regeneration bezaubert der Waldsee heute mit einer Fülle bunt blühender Wasserpflanzen – ein Paradies für Frösche und Vögel. Allein diese Seerosen! Und man kann hier wirklich Rehe sehen, ohne stundenlang auf

Das Meer immer im Blick: Panorama über die Dächer von Gudhjem auf die Ostsee

GUDHJEM

(122 B2–3) (𝄃 F3) ⭐ **Wer als Erstes auf den Hausberg steigt, den Felsen** ☼ **Bokul, und von dort 50 m auf Gudhjem hinabsieht, wird den geradezu mediterranen Reiz des Städtchens (720 Ew.) schnell wahrnehmen.**

der Lauer zu liegen. *Zugang von der Hauptstraße nach Allinge*

GUDHJEM MUSEUM

Züge halten längst nicht mehr im alten Bahnhof von 1916. Dafür bekommt man hier Bilder von Oluf Høst zu sehen, Textilsammlungen, eine Handschuhmacherei und viel Keramik. *Stationsvej 1 | März–*

Okt. tgl. 13–17 Uhr | 50 DKK | gudhjem-byogmindeforening.dk

MELSTEDGÅRD

500 m südlich von Gudhjem, über einen schönen Klippenweg zu erreichen, wird hier lebendig gezeigt, wie sich das bäuerliche Leben im 19. Jh. abgespielt hat. In den Ställen wird nach wie vor Vieh gehalten und an manchen Tagen können Sie miterleben, wie das Heu nach alter Tradition eingebracht wird und wie früher Gemüse und Beeren eingekocht wurden. *Melstedvej 25 | Mitte Mai–Mitte Okt. So–Do, Juli–Mitte Aug. auch Fr 10–16 Uhr | 70 DKK | www.bornholmsmuseum.dk*

OLUF HØST MUSEET

Dem Künstler ganz nah: Hier in der Villa Norresån hat der Bornholmer Maler (1884–1966) bis zu seinem Tod gewohnt und gearbeitet. Besucher können seine Werke und Teile seines Mobiliars bewundern und einen Blick in sein Atelier werfen. Dazu gibt es ein Café, einen malerischen Garten und wechselnde Ausstellungen. *Løkkegade 35 | Mitte März–Mai und Sept./Okt. Mi–So, Juni–Aug. tgl. 11–17 Uhr | 75 DKK | www.ohmus.dk*

ESSEN & TRINKEN

INSIDER TIPP BECH CHOKOLADE ● ☙

Mitten auf dem Marktplatz genießt man leckere Schokoladenkreationen und eine Tasse Kaffee. Den Panoramablick über das Meer gibt es kostenlos dazu. Spezialität des Hauses ist der Bornholmer Honigkuchen. Dienstags ist das Café immer gut gefüllt: Dann werden die typisch dänischen *flødeboller* (Schaumküsse) hergestellt. Zum Café gehört ein Geschäft, wo Sie neben Schokolade auch Bornholmer Senf, erlesene Süßigkeiten und Marmelade kaufen können. *Ejnar Mikkelsensvej 19 | Ostern–Mitte Okt., Kernzeit tgl.*

11–17 Uhr, im Sommer länger | www.bechchokolade-gudhjem.dk

INSIDER TIPP DINE'S LILLE MARITIME CAFÉ ☙

Besucher genießen Kaffee und Kuchen und einen wunderschönen Blick auf das Meer. Neben dem bekannten *Märchenfestival (Juni–Mitte Sept.)* lockt das Café mit Lesungen in deutscher Sprache und Konzertabenden. *Røstadvej 10 | tgl. 11.30–17 Uhr | www.wildlachs.de*

GUDHJEM RØGERI

Eine Inselräucherei ist wie die andere? Von wegen! Die in Gudhjem bietet nicht nur ein leckeres Fischbuffet mit allerlei Salaten, sondern auch ein Grillbuffet und Livemusik. *Ejnar Mikkelsensvej 9 | Tel. 56 48 57 08 | April–Okt. tgl. | www.smokedfish.dk | €€*

INSIDER TIPP KJÆRSTRUP

Das beste Eiscafé der Insel! Es begann 1999 mit einer Cremeschnitte, die zu-

---

⭐ **Ertholmene (Erbseninseln)**
Die beiden Erbseninseln sind nicht nur einen Kurzbesuch, sondern durchaus eine Übernachtung wert → S. 56

⭐ **Gudhjem**
Den schönsten Blick auf das Künstlerstädtchen haben Sie vom Bokul aus → S. 58

⭐ **Østerlars Kirke**
Die Rundkirche mit den sieben Säulen → S. 62

⭐ **Svaneke**
Das märchenhafte Städtchen am Ostende Bornholms → S. 63

MARCO POLO HIGHLIGHTS

nächst nur unter Insulanern als kulinarisches Highlight galt und später auch unter Touristen den Siegeszug antrat. Danach gab es eine Auszeichnung nach der anderen, einen Ableger in Kopenhagen und mobile Eiswagen. Inzwischen eine Institution auf der Insel – und dennoch ein Insidertipp, da es sich unter deutschen Touristen offenbar noch nicht herumgesprochen hat. *Sommer tgl. 11–22 Uhr | Ejnar Mikkelsensvej 21*

STAMMERSHALLE ✵

Das Restaurant gehört zu den besten der Insel. Restaurantchef Lars Spring weckt beim Essen alle Ihre Sinne und kocht natürlich mit regionalen Zutaten. Legendär ist der Boble genannte Sonntagsbrunch (lange im Voraus reservieren!), bei dem neben dem Buffetangebot zusätzlich kleine Gerichte am Tisch serviert werden. *Sdr. Strandvej 128 | Tel. 56 48 42 10 | Mo-Abend geschl. | stammershalle-badehotel. dk | €€–€€€*

EINKAUFEN

BALTIC SEA GLASS

Unter den etablierten Glasbläsern, die für ein breites Publikum arbeiten, ragen Pete Hunner und Maibritt Jönsson noch immer heraus. *Melstedvej 47 (3 km südlich) | www.balticseaglass.com*

HODDAN

Sie lieben Gestricktes und Gewebtes? Dann schauen Sie bie Hoddan am Hafen vorbei. Hier finden Sie u. a. Schals aus Merinowolle, Umhänge aus 100 % Lammwolle und kuschelig weiche Babydecken. *Ejnar Mikkelsensvej 17 | www.thorhodda.dk*

KARAMEL KOMPAGNIET

Butterkaramellbonbons mit Salz, Erdnusstoffees und Salzlakritzlutscher sind echte Versuchungen. Himmlisch lecker sind auch die Schokoriegel mit Kokos oder Lakritze. *Holkavej 2 | www.karamel kompagniet.dk*

FREIZEIT & SPORT

GUDHJEM SPECIAL

So muss das Kinderparadies aussehen: Viele Regalmeter mit Süßigkeiten zum Selbstzusammenstellen und riesige Softeisspezialitäten, serviert von Bediensteten mit rosafarbenen T-Shirts und Hüten. Kein Wunder, dass der Laden direkt am Hafen an heißen Sommertagen bis zu 3000 Kunden hat.

Chef Lennart Laursen bietet ihnen eine heiße Möglichkeit, die Kalorien wieder loszuwerden: Über der Eisdiele befindet sich ein großer, verspiegelter Tanzsaal. Dort finden im Sommerhalbjahr mittwochs ab 19.30 Uhr ● INSIDER TIPP▶ Salsaabende *(Eintritt frei)* statt. Meist kommen Bornholmer, aber auch ungeübte Touristen sind willkommen – Männer besonders, weil der Damenüberhang meist beträchtlich ist. Wer will, spendet für eine gute Sache: Lennart unterstützt mit den Salsaabenden Straßenkinderprojekte in Mexiko-City. Und Anfang Juli veranstaltet er den INSIDER TIPP▶ Softeislauf, ein Joggingereignis mit Tausenden Teilnehmern; Start und Ziel sind am Hafen von Gudhjem. *www.gudhjemspecial. com*

GUDHJEM SVØMMEHAL

Eine Badeattraktion für die ganze Familie zum kleinen Preis, die jedoch meist nur wenige Stunden pro Tag geöffnet ist. Es gibt eine Rutschbahn, einen Sprungturm, Ruheliegen und (gegen Gebühr) Massage. Das Bad veranstaltet regelmäßige Discoabende und saisonale Feste. *Sportsvænget 16 | saisonal stark gestaffelte Zeiten, s. Website | 40 DKK | gudhjemsvoem mehal.dk*

OLUF-HØST-SPAZIERGANG

Am Wohnhaus des berühmtesten Malers der Insel am Hafen Nørresand nordwestlich von Gudhjem beginnt eine kurze Wanderung auf den Spuren des Künstlers. Sie führt zunächst an den Klippen Fahrten von Gudhjem zu den Helligdomsklipperne auf. Die Fahrt kann mit einem Besuch des Kunstmuseums kombiniert werden. Besonders eindrucksvoll sind die ☀ Sonnenuntergangstouren. *Tel. 23 83 51 65 | 100 DKK | www.ms-thor.dk*

lækker, lækker, lækker: Ein Bornholmer Softeis ist der ultimative Schlechte-Laune-Killer

entlang, dann geht es weiter über den Rettungsweg bis zum Prinzessinnengarten und der angrenzenden Apfelplantage am Heidegebiet. Hier hat Høst oft gesessen und gemalt. Rechts liegt der Hof Bognemark, wo Høst lange lebte und berühmte Sonnenuntergänge malte. Der Weg führt durch das *Graamyr* bis zum ☀ *Bokulberg.* Das Panorama von hier oben ist traumhaft – verständlich, dass Oluf Høst von diesem Ort fasziniert war und hier auch die meisten seiner Bilder malte.

TOUR MIT THOR ●

Vom Wasser aus ist Bornholm noch schöner anzusehen. Mehrmals täglich bricht die Thor, ein 10 m langes Motorschiff, zu

ÜBERNACHTEN

ALTE STRANDVOGTEI ☀

Am Wanderweg von Gudhjem nach Helligdommen betreibt Eduard Dahlmann diese acht Ferienwohnungen am Meer. Die Gäste können nebenan in Tochter Geraldines Café frühstücken. *Røstadsvej 10 | Tel. 56 48 42 97 | www.wildlachs.de | €€*

KLIPPEN ☀

Helle und urgemütliche Zimmer im nordischen Stil – und mit der vielleicht besten Hotelaussicht Dänemarks! – warten im Hotel Klippen auf Sie. *25 Zi. | Grevens Dal 50 | Tel. 51 83 60 22 | www.hotelklippen.com | €€*

MELSTED BADEHOTEL
Ambitioniertes Hotel am Strand von Melsted etwa 2,5 km südlich. Geschmackvolle Einrichtung, gute Küche – alles schick und teuer. *Melstedvej 27 | Tel. 56 48 51 00 | www.melsted-badehotel.dk | €€€*

AUSKUNFT

GUDHJEM TURISTBUREAU
Ejnar Mikkelsensvej 25 | Tel. 56 95 95 00 | bornholm.info

ZIELE IN DER UMGEBUNG

ØSTERLARS KIRKE ★ ●
(122 B4) (*F4*)
Die größte und älteste Rundkirche der Insel (*Ostern–Okt. Mo–Sa 9–17, Nov.–Ostern Di–Sa 9–14.45 Uhr | 20 DKK | www.oesterlarskirke.dk*) steht 3 km südlich von Gudhjem. Sieben dicke Stützpfeiler geben der Kirche das charakteristische Bild. Sie wurde um 1150 gebaut und bringt

sogar Atheisten ins Schwärmen. Direkt am Kirchgarten duftet es nach Vanille und Honig: Das sind die aus natürlichen Rohstoffen und mit biologischen Kräutern und Gewürzen handgemachten Seifen (55 Sorten!) der ● *Sæbemageriet*. Zum Laden gehört auch ein Café.
Eingelegtes und Würziges mit Kräutern, Obst und Gemüse aus dem eigenen Garten führt ● INSIDERTIPP *Camilla's Condimenter (Stavsdalvej 54)* am westlichen Ende von Østerlars. Neben besonderen Senf- und Ketchupsorten kreiert Camilla köstliche Chutneys, Relishes und Pickles aus Äpfeln und Blumen, Marmeladen aus Beeren und Ingwer und experimentiert mit neuen Zutaten.

RØ (121 E4) (*E3*)
Der kleine Ort liegt 6 km westlich von Gudhjem. Urwaldfeeling pur gibt es im *Til Tops (Brommevej 10 | Tel. 56 48 48 40 | stark wechselnde Zeiten s. Website | ab 299 DKK | til-tops.dk)* 1 km südlich. Vier verschiedene Kletterparcours führen über Hängebrücken und frei schwebende Leitern durch den Wald. Gleich gegenüber, im INSIDERTIPP Restaurant *Rø (Røvej 51 | Tel. 56 48 40 38 | €)*, schließt Elly Mortensen einmal die Woche für ihre altdänischen Spezialitäten wie *flæskesteg* (Schweinebraten) auf. Jeden Sonntagabend ab 16.30 Uhr speisen hier bis zu 200 Gäste für wenig Geld – unbedingt reservieren!
Etwa 1,5 km weiter südlich hat ein Künstlerehepaar seine Werkstatt: die Bornholmerin Gerd Hiort Petersen und ihr Mann Hans Munck Andersen, beide hoch angesehene und vielfach ausgezeichnete Keramik- und Porzellankünstler *(Puggevej 3 | Besuch n. V. unter Tel. 56 48 41 90)*. Die wohl schönste, weiträumige Ferienwohnungsanlage im Inselinnern liegt auf einem alten Bauernhof im Naturparadies Rutsker Højlyng: *Birkelund (Krashavevej*

LOW BUDGET

Wer nach dem Besuch im Vergnügungspark Brændesgårdshaven (s. Kapitel „Mit Kindern unterwegs") für 15 DKK eine „Kom-igen"-Karte kauft, zahlt bei jedem weiteren Besuch nur noch 25 DKK Eintritt und spart so mehr als 100 Kronen pro Besuch.

Wer einmal erfahren möchte, wie noch traditionell Bonbons hergestellt werden, der kann in der Bonbonmanufaktur am Markt in Svaneke kostenlos bei der Produktion zusehen. In der Saison finden mehrmals täglich Vorführungen statt, Kostproben mit eingeschlossen.

33 | Tel. 56 48 41 41 | www.birkelund.info | €€) besteht aus sechs gemütlichen Wohnungen zwischen 60 und 84 m².

SVANEKE

(123 E5) *(≡ H5)* ⭐ **Das östliche Städtchen (1040 Ew.) der Insel wurde 2013 zur schönsten Kleinstadt Dänemarks gewählt. Hier geht – von den Erbseninseln einmal abgesehen – die Sonne über Dänemark auf.**

SEHENSWERTES

HAFEN ✿
Sind die Bornholmer Häfen nicht alle gleich? Nein, ganz gewiss nicht! Im Hafen von Svaneke riecht es noch richtig nach Fisch. Hier trocknen die Netze in der Sonne und der fangfrische Fisch wird direkt vom Kutter aus verkauft, hier werkeln die Fischer noch selber an den Booten. Balancieren Sie einfach übers steinige Ufer, suchen Sie sich ein schönes Plätzchen, halten Sie die Füße in die Ostsee und genießen Sie den traumhaften Ausblick aufs Meer – das ist Inselurlaub!

MARKTPLATZ
Ein beschaulicher Ort mit bunten Fachwerkhäusern, der sich jeden Samstag in eine Flaniermeile verwandelt. Dann tanzen Folkloregruppen, es gibt Livemusik und der ganze Platz ist mit Buden geschmückt. Zum Verkauf stehen Inselprodukte, Trödel und Bekleidung, es gibt gebratenen Fisch und ein Planwagen lädt zum Mitfahren ein.

ESSEN & TRINKEN

RESTAURANT BRYGHUSET
Der charismatische Deutsche Jan Paul hat die Brauerei *(Svanevang 10)* über die

Größte Rundkirche der Insel: Allein die Mauer von Østerlars ist 2,15 m stark

Landesgrenzen hinaus bekannt gemacht. Hier braut er Biere mit kräftigem Aroma aus Lakritz oder Chili. Die serviert er zu leckeren Fisch- und Fleischgerichten im Restaurant. *Svaneke Torv 5 | Tel. 56 49 73 21 | tgl. | www.svanekebryghus.dk | €€–€€€*

INSIDER TIPP ▶ B'S FISKE VÆRKSTED
Frischer geht es nicht! Der Fisch kommt direkt vom Kutter in die Pfanne und wird am eigenen Strand mit Liegestühlen und Tischen serviert – eine Tradition vom Svaneker Fischer Benny Elleby. Der Imbiss hat Kultstatus! *Gruset 2 | Tel. 56 49 29 49 | tgl. 12–20.30 Uhr | fiskevaerkstedet.dk | €–€€*

INSIDER TIPP ▶ STEGENS BURGER
Kioskatmosphäre wie im Ruhrgebiet! Auf einer Anhöhe südlich vom Hafen steht

unscheinbar diese gelbe Holzhütte. In dem Kiosk werden die besten Hamburger der Insel kreiert. Entweder traditionell mit *flæskesteg*, den typischen Hackfleischscheiben, oder in vegetarischer Form, reichlich garniert und mit Saucen verfeinert. *Østergade 2 | Do–So 11–19 Uhr | €*

SVANEKE IS

Das Eis ist ein Gaumenschmaus! Es wird nur aus natürlichen Inselprodukten hergestellt: Milch von Bornholmer Kühen, Honig aus Ibsker und Beeren aus der Umgebung von Svaneke. *Svaneke Torv 3 | tgl. 11–19 Uhr | www.isogco.dk*

EINKAUFEN

DRAM & DIALEKT

Ein hochprozentiger Laden! Hier gibt es Gin, Wodka oder andere Brände aus lokalen Schnapsbrennereien mit Honiggeschmack, Lakritzaroma oder pur und liebevoll in dekorativen Flaschen abgefüllt. *Brænderigænget 6a | tgl. 11–16 Uhr*

FRU BRUUN'S SÆBESYDERI

Wenn die Ladentür geöffnet ist, kann man den Duft von Veilchen und Vanille schon von Weitem wahrnehmen. Einfach herrlich! Die Seifen, die Birgitte Bruun in ihrem urigen Laden in allen Formen und Farben verkauft, sind ein Traum. *Bykilden 1 | Mo–Fr 10–17, Sa 10–16, So 10–14 Uhr | www.bornholmssaebesyderi.com*

INSIDER TIPP ▶ PLANTAGEN

Die Gurken krumm, die Kartoffeln voller Dreck: So muss bio aussehen! Dazu selbst gemachte Marmelade, Senf, Honig, Brennholz und Gartenmöbel, auch die natürlich selbst gezimmert. Früher haben hier Arbeitslose die Plantage bepflanzt und Holzmöbel gefertigt. Der Besitzer vom Gourmetrestaurant Kadeau in Dueodde hat das Gelände aufgekauft, die Arbeitslosen angestellt und lässt nun hier für seine Restaurants Gemüse und Kräuter anbauen. Ein Teil wird aber auch auf dem Hof und am hofeigenen Stand verkauft. Wirklich erstklassige Bioware! *Østermarievej 4e | tgl. 8–14 Uhr*

Die Kreationen von Svaneke Is haben schon manchen dahinschmelzen lassen

KUNSTHANDWERK

PERNILLE BÜLOW ●

Pernille Bülow ist die Topglaskünstlerin der Insel. Begleiten Sie sie an die Glasöfen und lassen Sie sich von dem außergewöhnlichen Design faszinieren! *Brænderigænget 8 | Galerie Mo–Fr 9–21, Sa/So 9–20, Werkstatt Mo–Fr 8.30–16.30, Sa 8.30–13.30 Uhr | www.pernillebulow.dk*

SEBASTIAN FROST

22 Jahre jung und voller Ideen: So kam der Bremer Goldschmied 1999 nach Bornholm. Heute wird sein Schmuck in der ganzen Welt verkauft. Sogar die dänische Königin hat ihn schon im Hafen von Listed besucht und sein Atelier besichtigt. Neben der Werkstatt betreibt seine Frau Signe das Café *Bay Frost*. *Strandstien 1a | in der Saison tgl. 11–17 Uhr | www.sebastianfrost.dk*

FREIZEIT & SPORT

HULLEHAVN

Am östlichen Ortsrand beim Leuchtturm (Zugang über die Skovgade) liegt ein kleiner Strand mit Kiosk und einem Feld für Beachvolleyball sowie 2-m-Sprungbrett am Ende des Stegs – die einzige Wippe auf ganz Bornholm, um sich in die Ostsee zu stürzen.

ÜBERNACHTEN

SIEMSENS GAARD ☆

Das Hotelrestaurant residiert in einem Kaufmannshof aus dem 17. Jh. Urgemütlich ist der bepflanzte Innenhof, megafreundlich der Service und die Lage am Hafen unbezahlbar. Lassen Sie den Tag auf der Restaurantterrasse mit Bornholmer Heringsspezialitäten und einem Wein ausklingen. *51 Zi. | Havnebryggen 9 | Tel. 56 49 61 49 | www.siemsens.dk | €€€*

SVANEKE FYR ☆

Ein Ausblick der Superlative, innen skandinavisches Design der Extraklasse und dazu der Strand direkt vor der Tür – traumhaft! Die schönste Übernachtungsmöglichkeit der Insel finden Sie im Leuchtturm von Svaneke, der zu einer Ferienwohnung umgebaut wurde. *Skovgade 28 | Tel. 27 11 20 57 | www.svanekefyr.dk | €€€*

AUSKUNFT

SVANEKE TURISTBUREAU

Peter F. Heerings Gade 7 (am Hafen) | Tel. 56 95 95 00 | bornholm.info

ZIELE IN DER UMGEBUNG

IBS KIRKE (123 D6) (Ⅲ H5)

Der eindrucksvolle romanische Bau 5 km südwestlich stammt aus dem 12. Jh. Der dicke Turm diente früher der Verteidigung und wurde vermutlich auch als Lagerhaus benutzt. 1 km südlich der Kirche finden Sie INSIDER TIPP *Nisse & Trolde Kompagniet (Ibskervej 41)*, einen urigen Laden mit handgemachten Weihnachtszwergen *(nisser)* und Bürsten und Besen aller Art. In der angeschlossenen Werkstatt können Sie dem letzten noch verbliebenen Bürstenbinder der Insel über die Schulter schauen.

ØSTERMARIE (122 C5) (Ⅲ F–G 4–5)

Schon wegen der Kuchentafel mit Sahnetorten, Obstkuchen und Kleingebäck in *Fru Petersens Café (Almindingensvej 31 | tgl. 12–17, Juni–Aug. bis 18 Uhr | www.frupetersenscafe.dk)* sollten Sie die 8 km nach Østermarie fahren. Schauen Sie unbedingt noch beim Hof von Metzger *Jørgen (Aspevej 3)* vorbei. Das Fleisch kommt garantiert von glücklichen Inselkühen, die auf den Wiesen rund um Østermarie grasen.

DER SÜDEN

Was für ein Panorama, was für eine Landschaft! Mehrere Hundert Meter staffeln sich die weißen Dünen vom Strand ins grüne Land hinein. Von oben, vom Leuchtturm in Dueodde, übersehen Sie das gesamte südliche Drittel der Insel, schauen aus fast 50 m Höhe aufs Meer hinaus.

Zur anderen Seite geht der Blick auf weiße Kirchen, die aus den gelbgrünen Feldern ragen, auf rote, gelbe und weiß geschlämmte Bauernhöfe, die alle für sich allein stehen, einsam auf Hügelkuppen oder an den Rand eines Wäldchens gekuschelt. Taubenkap: Das ist die Bedeutung von Dueodde – oder ist doch, wie manche Sprachforscher meinen, *Dødens Odde* gemeint, also das Todeskap, weil hier früher zuweilen Schiffe strandeten?

So fein ist hier der Sand, dass er früher in den Schreibstuben des Königreichs nicht nur benutzt wurde, um Tinte auf Papier zu trocknen, sondern auch für Sanduhren. Heute ist der weiße Strand von Dueodde das Synonym für Badeferien auf Bornholm. Gut 25 km zieht sich der mal schmale, mal sehr breite Strand von Boderne im Westen bis Balka im Osten, unterbrochen nur von einem steinigen und schlickigen Abschnitt bei Snogebæk *(Broens Odde)*.

Snogebæk, an der südöstlichen Kante des Parallelogramms Bornholm gelegen, ist in der Saison ein besonders lebhaftes und zugleich angenehm rustikales Fischerdorf. Nexø, die zweitgrößte Stadt der Insel, ist nur ungefähr 20 Fahrradminuten entfernt. Es liegt eigentlich

Baden zwischen Boderne und Balka, bummeln in den Häfen von Snogebæk und Nexø: Bornholms Badeküste

schon an der Ostküste, fühlt sich aber ganz dem Süden zugehörig. Sein Verkehrsamt betreut die Badegegend bis Dueodde.

DUEODDE & SØMARKEN

(127 D6) (*m G8*) **An heißen Sommertagen liegt ein Hauch von Sonnenöl und Grillkohle über den Dünen.**

Parkplätze und Zufahrtswege sind zugestellt, vor den Kiosken muss man Wartezeiten in Kauf nehmen. Aber schon Anfang September, wenn sich im Waldgebiet hinter den Dünen große Vogelschwärme zum Zug nach Süden sammeln, kehrt wieder Ruhe ein.

SEHENSWERTES

DUEODDE FYR ☼❄
Beim Besuch des Leuchtturms bekommen Sie gleich zweimal Schnappatmung!

Zuerst, wenn Sie die 47 Höhenmeter über 196 Stufen zurücklegen und danach vom Panorama, das Sie vom Aussichtsplateau genießen. Aber auch von außen

INSIDER TIPP Dixielandbands, irische Folkgruppen und skandinavische Rocksänger heizen den Gästen ein. Highlight ist zweifellos der isländische Sänger und

Der Dueodde-Strand ist so lang, dass man unterwegs schon mal eine warme Mahlzeit braucht

macht der weiße, schlanke Turm was her. Kleiner Nervenkitzel: Bei windigem Wetter schwankt der Turm ein wenig. *Ostern–Sept. Di–Do und So 11–14 Uhr | 10 DKK*

ESSEN & TRINKEN

BAKKARØGERIET
Zur Tradition gehört ein Besuch in der kleinsten Räucherei der Insel, der einzigen übrigens, wo abends weitaus mehr los ist als mittags. Hier treffen sich in der Saison Ferienhausbewohner der Umgebung, Jazzveteranen aus Rønne und Kopenhagen, Jung und Alt: Chef Jack Lauwersen steht auch gerne mit seinen Kindern und Enkeln auf der Bühne oder

Gitarrist Siggi Bjørns, der hier seit Jahren von Anfang Juli bis Ende August auftritt. *Østre Sømarksvej 29 | Tel. 56 97 71 20 | tgl. | www.bakkaroegeriet.dk | €*

KADEAU
Die Lage: ein Logenplatz in den Dünen der Vestre Sømarken. Das Restaurant: eine ehemalige Strandimbissbude, lässig aufgefrischt, mit einer Spur Eleganz. Die Besitzer: zwei Bornholmer, Rasmus Kofoed und Nicolai Nørregaard, die nach dem Studium in Kopenhagen auf ihrer Insel die Gastroszene der Insel nachhaltig aufgemischt haben. Als einziges Restaurant auf Bornholm führt es einen Michelinstern. *Baunevej 18 | Tel. 56 97 82 50 |*

stark gestaffelte Öffnungstage und -zeiten | www.kadeau.dk | €€€

INSIDER TIPP ▸ CAFE SLUSEGAARD & ANJAS JULELADE

Das schrägste Café auf der Insel. Oder haben Sie schon mal im Sommerurlaub Weihnachtssterne und Adventsgestecke gebastelt? In Anjas Julelade kann man sein Strandgut gleich mit verarbeiten. Im weihnachtlich geschmückten Café gibt es leckeren Kuchen aus Inselzutaten und Bornholmer Most. Auch die Auswahl an Gesellschaftsspielen von Schach bis Monopoly ist riesig. *Strandvejen 10 | Tel. 26 71 80 45 | stark gestaffelte Öffnungszeiten s. Website | cafe-slusegaard.dk*

STRAND

Nach 500 m über einen Holzsteg werden Sie sich fragen: Sansibar oder die Südsee? Ja, der Vergleich ist wirklich kaum übertrieben: ein endloser weißer, puderzuckerfeiner Sandstrand und dahinter das türkisfarbene Wasser. Der ★ ● Strand von Dueodde ist wohl der schönste Badestrand in Dänemark, wenn nicht sogar in Europa. Okay, die Palmen fehlen, aber dafür gibt es Dünen und Sandbänke so weit das Auge reicht.

SPORT & FREIZEIT

Mit einem besonderen Angebot wartet *Dueodde Familiecamping & Hostel* auf, das bei schlechtem Wetter besonders Familien dankbar annehmen: ● *Svøm, spis og vær glad* („Schwimm, iss und sei froh") gilt jedes Wochenende: Für 135 DKK können Sie nicht nur das Hallenbad (Wassertemperatur 28 Grad, separates Kleinkindbecken) nutzen, sondern sich auch am Pizza- und Salatbuffet bedienen. *Strokkegårdsvejen 17 | Mai–Mitte Sept. tgl. 10–18 Uhr | www.dueodde.dk*

ÜBERNACHTEN

Nirgendwo auf der Insel ist das Angebot an Ferienhäusern größer. Die schönsten, komfortabelsten (und teuersten) liegen im breiten Kiefern- und Heidegürtel westlich des Leuchtturms, also in den Sømarken, den Strandmarken und an der Sommerodde. Im Gebiet INSIDER TIPP ▸ *Holster Odde* werden nur große Luxushäuser angeboten, die meisten davon mit Traumblick. Auch zwischen Dueodde und Snogebæk wohnt man wunderschön: ruhig, strandnah und wesentlich dichter bei den Kiosken des Campingplatzes und am Leuchtturm und nahe genug, um mit dem Fahrrad alle Einkäufe in Snogebæk zu erledigen.

DUEODDE BADEHOTEL

Apartmentanlagen wie das beliebte Dueodde Badehotel, das in bester Lage an

---

MARCO POLO HIGHLIGHTS

★ **Strand von Dueodde**
Der breiteste Strand mit dem feinsten Sand → S. 69

★ **Povls Kirke**
Ihr Glockenturm ist ein beliebtes Inselmotiv → S. 70

★ **Aarsdale**
Herrlicher Dreiklang: Hafen, Holländermühle und eine gemütliche Räucherei → S. 74

★ **Paradisbakkerne**
Das Naturschutzgebiet trägt seinen Namen zu Recht → S. 75

★ **Sørens Værtshus in Snogebæk**
Vielleicht die urigste Kneipe der Insel → S. 76

die Dünen grenzt, kommen dem Individualismus vieler Urlauber entgegen: Frühstück ist dort möglich, ein kleines Café und einen Tennisplatz gibt es auch, aber wer ganz auf Service verzichtet, spart nicht nur Geld, sondern kann sich seinen Tag so frei wie im „richtigen" Ferienhaus einteilen. *Tel. 56 95 85 66 | www.teambornholm.dk | €€*

DUEODEE FERIEBY
Ideal für Familien, weil die Kinder sofort und reichlich Anschluss finden. Die Häuser auf halbem Weg zwischen Leuchtturm und Snogebæk wirken auf den ersten Blick wie Baracken, sind aber fast alle renoviert und modern eingerichtet. Die Anlage ist großzügig und liegt ruhig und weit weg von Straßen im Wald an einem schönen Strand. *Stavnsgårdsvej | www.dueodde-ferieby.dk | €€–€€€*

ZIELE IN DER UMGEBUNG

BODERNE (125 F5–6) (*⚏ E7*)
Die kleine Ortschaft liegt an einem sehr schönen Strandabschnitt auf halbem Weg zwischen Dueodde und Arnager. Sie war früher der Hafen von Aakirkeby im

Inselinnern. Shopping mit Stadtflair erlauben die Boutiquen von *Pia Stærmose,* die Fashionfreunde aus ganz Europa anziehen. Ein Garant für pure Ruhe und Erholung ist der **INSIDER TIPP** *Ferienhof Løkker (Bodernevej 13 | Tel. 33 50 44 96 | www.bornholm.co).* Der Hof stammt aus dem Jahr 1877; Familie Schröder aus Berlin hat daraus ein Ferienparadies gemacht.

PEDERSKER (126 B4–5) (*⚏ F7*)
Schnell den Einkauf bei Brugsen erledigen, noch ein Selfie an der *Pedersker Mølle* und dann geht es wieder zurück ins Ferienhaus nach Dueodde! Dabei übersieht man dann schnell die eigentlichen Attraktionen des Örtchens wie den *Enghøj Staude Have (Søndre Landevej 218 | Mai–Sept. Di und Do 13–17, Sa/So 13–16 Uhr |20 DKK | enghoj-have.blogspot.com).* Michael und Anne-Mette haben hier liebevoll einen blühenden Staudengarten angelegt. Der Geruch von feinstem Und bei **INSIDER TIPP** *Broe & Co (Trekanten 1)* zählt noch echtes Handwerk: Hier bekommen Sie filigrane Taschen, Schuhe und Gürtel aus Leder – jedes Teil ein Unikat!

DIE UNTERIRDISCHEN

Alle kennen und lieben Krølle-Bølle, den „Locken-Lümmel" (frei übersetzt). Er ist heutzutage die Leitfigur der Unterirdischen, macht Reklame für Speiseeis, führt eine ganze Keramikfamilie an, ziert die beliebteste Ansichtskarte und leiht auch mal Imbissstationen seinen Namen. Und er ist der Liebling der Kinder, vor allem der Urlauberkinder. Aber Unterirdische gibt es viele. Sie leben, wie der Name schon sagt, in Höhlen und Hünengräbern, jedenfalls tief unter dem Wald- und Feldboden. Die Fischer und Bauern erzählten sich früher an langen Winterabenden spökenkiekerische Geschichten über die Trolle, über Krølle-Bølles Vater Babbarækus und seine Mutter Bobbasina, über das große Heer der Unterirdischen, die mit dreibeinigen Pferden und lauter Musik nächtliche Wanderer erschrecken und auch sonst allerlei Schabernack treiben.

Markantes Erkennungszeichen von Povls Kirke ist der frei stehende Glockenturm

POVLS KIRKE ⭐ ☀ (126 C5) (𝄞 G7)

Die dem Apostel Paulus geweihte Kirche wurde etwa 50 Jahre später als Peders Kirke gebaut; sie ist viel schöner. Besonders der frei stehende Glockenturm ist ein beliebtes Fotomotiv. Für Kunstinteressierte: Es gibt Kalkmalereien und im Chorbogen befindet sich ein Paulusrelief mit Runeninschrift.

SLUSEGÅRD (126 B6) (𝄞 F8)

Ein lohnendes Ziel für einen Wander- oder Fahrradausflug: In herrlicher Heide- und Dünenlandschaft zwischen Strandmarken und Sømarken kann man sich hier eine etwa 200 Jahre alte, gut erhaltene Wassermühle und die – allerdings spärlichen – Reste einiger Gräber aus der Eisenzeit anschauen. Von hier führt ein traumhaft schöner *kyststi* – einer der alten Küstenpfade – nach Osten zum kleinen Fischerhafen von *Bakkerne*.

VINGÅRDEN LILLE GADEGÅRD (126 B5) (𝄞 F7)

Als Jesper Paulsen 2000 den ersten Rebstock bei Pedersker pflanzte, glaubte niemand an den Erfolg. Heute gehört er zu den größten Winzern des Landes. Bei einer Besichtigung informiert er über den Weinanbau auf der Insel und erzählt bei der anschließenden Weinprobe so manche Anekdote. Das Sortiment wurde im Lauf der Jahre um Branntwein, Fruchtwein und Whisky erweitert. *Søndre Landevej 63 | Tel. 21 62 88 57 | www.a7.dk*

NEXØ

(127 E3) (𝄞 H6) **Kaum jemand auf Bornholm benutzt die angeblich offizielle Schreibweise Neksø, auch Behörden, Museen und alle Geschäfte haben sich auf das X in ihrem Stadtnamen geeinigt,**

Stillleben mit Dannebrog und Fischkutter: am Hafen in Nexø

der ja durch Martin Andersen Nexø (1869–1954) sogar Eingang in die Weltliteratur gefunden hat.

Die Stadt (3650 Ew.) selbst steht in Kontrast zum fast paradiesisch anmutenden Strandleben in ihrer Umgebung. „Aussicht gibt es hier genug – wenn nur die Aussichten ein wenig besser wären": So zitiert Andersen Nexø, der in der Stadt in sehr bescheidenen Verhältnissen aufwuchs, seine Mutter. Manche Besucher empfinden die Melancholie vergangener Größe, die über der industriell geprägten Stadt liegt, bis heute, vor allem im größten Fischereihafen der Insel, in dem viele alte Kutter dümpeln. Während andere Ortschaften auf Bornholm Freilichtmuseen ähneln, gibt es hier neben herausgeputzten Katen auch den Industriehafen mit Silos, Lagerhallen und rostigen Kähnen. Tatsächlich ist der Fischfang weiterhin ein wichtiger Wirtschaftszweig. Pro Jahr wird hier Fisch im Wert von mehr als

50 Mio. Euro angelandet. Dass man in den Straßen von Nexø häufig Polnisch hört, ist der Fährverbindung nach Kołobrzeg geschuldet: Neben dänischen und deutschen Touristen entdecken immer mehr polnische Reisende die Insel.

SEHENSWERTES

DBJ MUSEUM

Ein Eisenbahnmuseum auf Bornholm?! Ja, über die Insel fuhr bis 1968 eine Eisenbahn. Viele der ehemaligen Bahnstrecken sind heute zu Radwegen umgebaut. Das Museum ist wie ein alter Bahnhof aufgebaut. Zu sehen gibt es u. a. eine alte Dampflok und einen Postwaggon. Viele der ehrenamtlichen Mitarbeiter haben bei der Eisenbahn gearbeitet und warten auf neugierige Fragen. *Ndr. Strandvej 8 | Juni–Sept. Mo–Fr 11–16, Führungen Juli Do 14 Uhr | 40 DKK | www.dbj. dk*

MARTIN ANDERSEN NEXØ MUSEUM

Besuchen Sie das Elternhaus von Martin Andersen Nexø, der in Kopenhagen geboren wurde, aber auf Bornholm aufwuchs. Es ist zu einem Museum umgebaut und zeigt Erinnerungen aus dem Leben des großen Bornholmer Schriftstellers. *Ferskesøstræde 36 | Mitte Mai– Mitte Okt. Di–Fr 13–16, Sa 10–13 Uhr | 50 DKK | www.andersennexoe.dk*

ESSEN & TRINKEN

MOLEN 🌿

Hier isst das Auge mit (und auch der Meerblick ist traumhaft!): Es sind kleine Kunstwerke, die die Köche im Molen kreieren. Da sieht der Blumenkohl auf dem Teller schon mal aus wie der Scherenschnitt eines Baums. Man weiß nie genau, was auf der Karte steht, da mit saisonalen Produkten gekocht wird. *Havnen 6 | Tel. 88 87 67 33 | tgl. | www.restaurant molen.dk | €€€*

INSIDER TIPP ▶ GAMLE RØGERI ☼

Die Alte Räucherei ist ein idealer Ort für Familien. Während die Eltern den Blick aufs Meer genießen und in gemütlicher Atmosphäre geräucherten Hering auf Schwarzbrot genießen, können die Kleinen auf dem Spielplatz toben oder die Kindermenüs verputzen. *Stenbrudsvej 22 | Tel. 56 49 35 22 | Mitte April–Mitte Okt. tgl. 10–17, Juni–Aug. bis 19/20 Uhr | €*

EINKAUFEN

BORNHOLMERSENNEP

In den meisten Küchen Bornholms findet sich ein Glas Bornholmer Senf. Sein Rezept kennen nur eine Handvoll Menschen. Thomas Arvidsen hat seine wenigen Mitarbeiter der kleinen Produktion in Nexø schriftlich verpflichtet, das Geheimnis der Mischung aus Senfkörnern, Salz, Zucker und Kräutern zu bewahren. Den Senf gibt es in einigen Supermärkten und in Delikatessengeschäften zu kaufen oder direkt in der Senffabrik in Nexø. *Mølleby 16a | www.bornholmersen nep.dk*

INSIDER TIPP ▶ KLUNSERKONGEN

Ein ganz neues Flohmarktkonzept aus Finnland: Auf 600 m² bieten Privatleute ihren Trödel an. Klunserkongen verkauft im Auftrag und erhält eine Provision. Hier finden Sie Designerkleidung zum Schnäppchenpreis, Glaswaren im skandinavischen Design, stilvolle Kleinmöbel oder gerahmte Kunstdrucke. *Ndr. Strand-*

LOW BUDG€T

Wer einen echten Bornholmer Flohmarkt besuchen möchte, sollte nach Snogebæk fahren. Von Mitte Mai bis Mitte September treffen sich hier jeden Samstagvormittag Bornholmer Trödler mit einem breiten Sortiment alter, antiker und mitunter merkwürdiger Dinge. Handeln ist erlaubt, der Eintritt frei und der Spaß garantiert.

Hafenfeste gibt es im Verlauf des Sommers in fast allen Küstenorten der Insel. Doch wer im Süden sein Quartier hat, für den bietet Snogebæk etwa Mitte Juli ein volles und populäres Volks- oder Hafenfest, bei dem sich halb Bornholm trifft. Von Freitagabend bis Sonntagabend laden viele urtümliche Buden zu Spaß und Spiel ein und auf mehreren Bühnen und Festzelten heizen Bands mit Dixieland, Country & Western und Rockmusik die Stimmung an. *www.havnefest.dk*

NEXØ

vej 10 | Mo–Sa 10–17 Uhr | www.klunser
kongen.dk

SOUVENIRHYTTEN
Souvenirs, Souvenirs! Mal so richtig kit-
schig, dann wieder erfrischend anders
oder auch wirklich brauchbar. Hier gibt
es alles, worauf der Bornholm-Schriftzug
oder die Umrisse der Insel passen. *Im
Hafen | Mai–Sept. tgl. 12–17.30 Uhr*

KUNSTHANDWERK

In und um Nexø sind einige der eher stillen Kunsthandwerker tätig, deren Besuch gleichwohl lohnt. So arbeitet die
renommierte Keramikerin ● *Helle Lund-
Hansen* am *Aarsdalevej 15.* Im Sommer
ist ihre Werkstatt von 10 bis 17 Uhr geöffnet. Etwas außerhalb, am *Plantagevej 10,*
wirken die *Paradis*-Keramiker Eva Jakob-
sen und Melon Warnes *(www.paradiske
ramik.dk).*

ÜBERNACHTEN

NEXØ CAMPING
Eine ruhige Campinghütte in der Saison
auf Bornholm? Die finden Sie hier, weil
kein Sandstrand in der Nähe ist. Doch die
Ruhe, die Idylle und die einzigartige Natur entschädigen! Am nahe gelegenen
Steinbruchsee kann man angeln und den
Tag verträumen, von den Klippen ins
Meer springen und sich am Abend in die
hyggelige Holzhütte zurückziehen. *15
Hütten | Stenbrudsvej 26 | Tel. 23 41 26 42 |
www.nexocamp.dk*

ZIELE IN DER UMGEBUNG

AARSDALE ★ ❀ (127 E2) (*M H5*)
5 km nördlich an der Küstenstraße nach
Svaneke liegt die sehenswerte Holländermühle *Aarsdale Mølle* von 1877. In
Betrieb ist sie nicht mehr, aber die Besit-

zer Finn und Jesper Mikkelsen haben hier
einen touristischen Anlaufpunkt geschaffen. Sie fertigen Schmuck aus Inselgranit,
führen eine Galerie und betreiben ein
Café. Für Kinder gibt es einen großen
Spielplatz.
Nach einem Blick in die Windmühle und
die Werkstatt setzen die meisten Ausflügler ihren Weg an der Küste entlang fort
– und das ist ein Fehler. Denn das Hafen-
dorf Aarsdale, unterhalb der Mühle gelegen, ist ein besonders malerischer Ort,
der Sie in vergangene Zeiten zurückver-
setzt. Gleich gegenüber dem Hafen findet sich die lokale Filiale von *Havkajak
Bornholm (Tel. 29 33 09 91 | ab 150 DKK/
Std. | www.havkajakbornholm.dk).* Die
Firma bietet Meerkajaks zum Ausleihen
an. Gönnen Sie sich einmal das besondere Erlebnis, mit kraftvollem Schwung an
der Küste entlangzugleiten. Aber rufen
Sie vor der Anfahrt unbedingt an!
Henning Jensen hat ein Gesicht wie aus
Stein gemeißelt. Wind und Wetter haben
es modelliert: 26 Jahre lang hat er als
Fischer vor der Küste Bornholms gearbei-
tet. Doch dann bekam er die Chance, die
Räucherei in Aarsdale *(Aarsdale Silderø-
geri | Gaden 2 | Tel. 56 49 65 08 | Mai und
Sept. tgl. 10.30–16, Juni 10.30–18, Juli/
Aug. 10.30–20, Okt.–Dez. Do–Sa 10.30–
14 Uhr | www.aarsdalesilderoegeri.dk)* zu
übernehmen, die er jetzt gemeinsam mit
seiner Frau Pernille und den beiden Töch-
tern betreibt. Beliebt sind neben den
Räucherheringen vor allem Hennings
Fischfrikadellen: „Wir setzen auf ausge-
suchte Zutaten; wir liegen ja nicht so
zentral, deshalb schaffen wir es nur über
Qualität, dass die Gäste wiederkommen."
Im Sommer wird es richtig voll.
„Bildkünstlerin" nennt sich die Malerin
Lise Elvang (Indenmarken 2 | Tel. 56 49 74 71).
Sie experimentiert mit Farben und Mate-
rialien, schafft Objekte rein dekorativer
wie auch nützlicher Art (z. B. Lampen)

und lässt sich keinem Schema zuordnen. Das macht einen Besuch bei ihr – möglichst nur nach telefonischer Anmeldung! – spannend und überraschend.

BODILS KIRKE (127 D3) (*Ⓜ G6*)

Bornholm hat viele schöne Kirchen, aber die an der Straße nach Aakirkeby 3,5 km westlich von Nexø ist ein echter Blickfang. Kalkweiß und majestätisch thront sie seit dem Mittelalter auf einem Feld. Sie besitzt zwei Taufsteine, einen von der schwedischen Insel Gotland und einen neueren aus Granit, eine sehenswerte Renaissancekanzel aus dem Jahr 1600 und Runensteine.

HØSTET (127 E2) (*Ⓜ H6*)

Von wegen Sanddorn hilft nur gegen Erkältungen! Mads und Camilla Meisner zeigen Ihnen auf ihrer Sanddornplantage 4 km nördlich, was man alles Leckeres aus den orangegelben Beeren herstellen kann. Nach der Führung trifft man sich im Hofladen zum Smalltalk bei Keks- und Käsehäppchen mit Sanddornmarmelade. Dazu gibt es kaltes Bier und Saft, natürlich mit Sanddorn gebraut und verfeinert. Eine telefonische Anmeldung ist erforderlich. *Ibskervej 34 | Tel. 53 54 21 24 | 60 DKK | www.høstet.dk*

PARADISBAKKERNE ★
(127 D2–3) (*Ⓜ G–H6*)

Die Paradisbakkerne („Paradieshügel") sind ein wunderschönes Naturschutz- und Wandergebiet von fast 500 000 m² etwa 3 km westlich von Nexø. Ausgeschilderte Wege mit einer Länge von 2,5 km (rote Strecke) und 6,5 km (gelbe Strecke) führen durch Felsschluchten, Mischwald, Heideflächen, Hochmoore und vorbei an Seen und Tümpeln. Der berühmte Wackelstein *(Rokkesten)*, ein Lieblingsziel der Kinder, ließ sich früher angeblich mit dem kleinen Finger bewegen, ist inzwi-

Beliebtes Ziel für Radwanderer: die Windmühle bei Aarsdale

schen aber nur noch sehr schwer in Bewegung zu setzen. Viele Familien ziehen mit Eimern und Körben in dieses Paradies, um ● **INSIDER TIPP** Blaubeeren zu sammeln. Nirgendwo sind sie dicker, nirgendwo wachsen sie in größeren Mengen. Besonders köstlich schmecken sie zu Ymer, einer sahnigen dänischen Joghurtversion. Eine Wanderung durch die Paradisbakkerne finden Sie im Kapitel „Erlebnistouren".

SNOGEBÆK

(127 D–E5) (*Ⓜ H7*) **Rund um den Hafen eine etwas willkürlich wirkende Ansammlung bunter Häuser und alter Fischerhütten, ein paar kurze Straßen, an denen sich Boutiquen, Restaurants und Souvenirgeschäfte abwechseln: Was macht das Flair aus, das dieser Ort (700 Ew.) zweifellos hat?**

Vielleicht dies: Snogebæk verbindet deftige Ursprünglichkeit und ein gewisses modisches Etwas: Da tanzen abends Jungurlauber und gestandene Insulaner in Sørens Værtshus zusammen auf dem Tisch, eine Ecke weiter, in Den Lille Havfrue, genießen schicke Segler, deren Yacht hier für eine Nacht festgemacht hat, cognacflambierte Scampi.

ESSEN & TRINKEN

BRENO'S

„All you can eat" zum Festpreis. Am Wochenende lädt Breno Pedersen in seinen urigen Bauernhof in traumhafter Strandlage und tischt auf: ein Salatbuffet, warme Fleisch- und Kartoffelgerichte, Saucen, Beilagen und Dessert. Auch die Getränke (Softdrinks, Wasser, Wein und Bier) sind im Preis von 269 DKK inklusive. *Hovedgade 3 | Tel. 56 48 90 44 | Fr–So 17.30–21 Uhr | brenos.dk | €€€*

BOISEN IS

Das inselweit gerühmte Boisen-Eis wird mit regionalen Zutaten zubereitet. Ein Hochgenuss sind die verschiedenen Kaffeevarianten: Affogato mit Vanilleeis oder Goretto mit Grappa. Außerdem Flaschenbiere aus der ganzen Welt. *Hovedgaden 4 | Mitte Juni–Sept. tgl. 12–17 Uhr*

DEN LILLE HAVFRUE

„Die Kleine Meerjungfrau" gehört zu den beständigen Adressen in der Snogebæker Restaurantszene. Hier findet jeder etwas: Es gibt traditionelle dänische Fisch- und Fleischgerichte, vegetarische Speisen und Angebote für Kinder. *Hovedgade 5 | Tel. 56 48 80 55 | im Sommer tgl. | www.denlillehavfruebornholm.dk | €€*

SØRENS VÆRTSHUS ⭐

Sörens Wirtshaus ist die urigste Kneipe östlich von Kopenhagen. Die einstige Fischerhütte ist seit 1972 ein Treffpunkt alteingesessener Fischer und langjähriger Bornholmfahrer. Im Sommer gibts Livemusik von lokalen und nationalen Künstlern. In der Kneipe herrscht immer Feierstimmung und es wird gesungen und getanzt. Dazu gibt es Bier vom Fass und die legendäre *pan pizza* nach US-amerikanischer Art. *Hovedgade 1g | Tel. 56 48 80 20 | tgl. | €–€€*

EINKAUFEN

Entlang der Hauptstraße *(Hovedgade)* finden sich Boutiquen und Souvenirläden von Kunsthandwerk bis Souvenirklimbim. Originell ist der *Bo Bendixen Shop (Hovedgade 10 | www.bobendixen. dk),* wo Sie eine große Auswahl ungewöhnlicher T-Shirts, Sweatshirts und Jacken bekommen. Für Leckermäuler lohnt sich ein Abstecher zu *Kjærstrup (Hovedgade 9),* wo handgemachte Schokolade

angeboten wird. Auch die *flødeboller* (Schokoküsse) sind zu empfehlen.

ÜBERNACHTEN

Die Ferienhauskolonien südlich von Snogebæk (links und rechts vom Turistvej) und nördlich in und um Balka sind sehr beliebt. Bei Balka ist der Strand besser, am Turistvej die Umgebung schöner.

ZIELE IN DER UMGEBUNG

BALKA (127 D4) (*M H7*)

Der breite, kinderfreundliche Strand schließt im Norden an Snogebæk an. Auch hier wohnen viele Ferienhausurlauber sehr schön im Grünen zwischen dem Strand und der Straße nach Nexø. Die meisten Häuser sind älteren Baujahrs, doch viele wurden renoviert und modernisiert. Ein oft sehr gut belegter Campingplatz und zwei Mittelklassehotels runden das Übernachtungsangebot an der Südostecke der Insel ab: *Balka Søbad (106 Zi. | Vestre Strandvej 25 | Tel. 56 49 22 25 | €€€)* setzt vor allem in der Vor- und Nachsaison auf Gruppen, *Balka Strand (Boulevarden 9 | Tel. 56 49 49 49 | www.hotelbalkastrand.dk | €€€)* hat wohl den vierten Stern, den beide Häuser beanspruchen, eher verdient. Es hat zwar doppelt so viele Zimmer (über 200), wirkt aber dennoch persönlicher und aufmerksamer geführt.

HUNDSEMYRE ● (127 D4–5) (*M H7*)

In dem 500 000 m² großen Moorgebiet nordwestlich von Snogebæk sind Graureiher, Fischadler, Bussarde, Weihen und viele Entenarten zu Hause. Eine Rundwanderung dauert etwa eine Stunde. Während der Brutzeit von Mitte März bis Mitte Juli darf man nicht ins Moor, kann aber die Vögel von einem Turm aus beobachten.

Ein Sandmeer: Die Strände von Balka und Snogebæk gehen ineinander über

DIE INSELMITTE

Bornholmneulinge, zum ersten Mal auf Tour abseits der Strände und Klippen, sind meistens völlig verblüfft: So viel Grün, so viel abwechslungsreiche Natur haben sie nicht erwartet.

Da sind die inseltypischen Spaltentäler, einige mit Wander- und Radwegen durchzogen, andere naturbelassen, stille Reviere für „Pfadfinder". Flüsschen und Bäche winden sich durch diese engen Täler, fast alle von Südwest nach Nordost. Dann ist da, schon ziemlich weit im Nordosten, die felsenübersäte Hochheide im großen Naturschutzgebiet um Rutsker. Und, wieder ein anderes Bild: Auf Wanderungen oder Radtouren überraschen Moorlandschaften, von alten Eichen umstanden. Und Wälder, Wälder, wie es sie so vielfältig nirgendwo in Dänemark noch einmal gibt. Über ein Fünftel der Inselfläche ist Wald!

AAKIRKEBY

(126 A3) (🝐 E6) Neben der größten, ältesten und – von den Rundkirchen abgesehen – auch kunsthistorisch wichtigsten Kirche lockt Aakirkeby (2100 Ew.) Besucher mit Museen wie dem Automuseum, die vor allem Kinder und Technikliebhaber anziehen, und mit Kultplätzen der Insulaner wie der Trabrennbahn.

Und natürlich ist da noch das großartige Erlebnismuseum Natur Bornholm, das auf phantastische Weise die Entstehung, die Geologie und die Landschaft Bornholms präsentiert.

Das grüne Herz: Spaziergang durch die Blumenstadt Aakirkeby, Wanderungen im Ekkodalen und auf den höchsten Inselberg

Im Mittelalter wurden von Aakirkeby aus die Geschicke Bornholms bestimmt, doch 1510 brannten die Lübecker den Ort nieder. Von diesem Schlag sollte sich Aakirkeby nie mehr richtig erholen. Der Hafen an der Südküste versandete, die Stadt fiel in eine Art Dornröschenschlaf. Erst mit dem Bau der Eisenbahn Anfang des 20. Jhs. kam ein Aufschwung in die Stadt. Heute, längst wieder ohne Eisenbahn, ist Aakirkeby ein freundliches Ackerbürgerstädtchen, das auch Blumenstadt genannt wird: Privatleute und Gewerbetrei-

bende haben in der ganzen Stadt Blumenkübel aufgestellt. Im Sommer verwandelt sich die Stadt in ein blühendes Paradies und es duftet herrlich!

SEHENSWERTES

AAKIRKE ★

Das älteste, größte und neben den Rundkirchen auch bedeutendste Gotteshaus, der „Bornholmer Dom", ist Johannes dem Täufer geweiht. Sicher ist dies auch der Grund für die Pracht des Taufbeckens,

Ein Erlebnis- und Mitmachmuseum: kein Wunder, dass auch Kids Natur Bornholm cool finden

aus gotländischem Sandstein zwischen 1150 und 1200 gefertigt. Aus dieser Zeit stammen auch die romanischen Ursprünge der Aakirke. Runensteine in der Vorhalle, eine wunderschöne Kanzel und ein Altar vom gleichen Meister, Jacob Kremberg aus Schonen, im Jahr 1600 im Renaissancestil geschnitzt, sind weitere Sehenswürdigkeiten. *Tgl. 10–14 Uhr | Eintritt frei*

AUTOMUSEUM

Hier stehen 80 alte Wagen und „Krafträder", liebevoll gepflegt und nett präsentiert, die Autofans das Herz höher schlagen lassen: zum Beispiel Singer, Morgan, Adler, Delahaye, Jaguar und BMW. Neben den Oldtimern ist eine komplett eingerichtete Werkstatt aus den 1920er-Jahren zu besichtigen. Und noch mehr: Dampfradios und Grammofone, Bornholms erstes Fernsehgerät, eine Sammlung historischer Automobilzeitschriften und viel Kurioses aus den Tagen, als die

Technik auf der Insel laufen lernte. Eltern und Großeltern führen hier dem staunenden Nachwuchs gern vor, wie der Fortschritt in ihrer Jugend ausgesehen hat. *Grammegårdsvej 1 | Mai–Okt. Mo–Sa 10 –16 Uhr | 60 DKK | www.bornholmsauto-mobilmuseum.dk*

NATUR BORNHOLM ★

Gut 12 Mio. Euro waren verbaut, als der spektakuläre Granitblock vor den Toren Aakirkebys im Jahr 2000 eröffnet wurde – bestens angelegtes Geld. Denn das Museum hat sich neben dem Kinderparadies Brændesgårdshaven und dem Kunstmuseum Helligdommen zu *dem* Besuchermagneten der Insel entwickelt – zu Recht. Das Museum für Flora und Fauna, für Geologie und Erdgeschichte ist ein lehrreicher, spannender Abenteuerspielplatz. Schautafeln, Filme, Dioramen, aber auch Biologen, Botaniker, Ranger vermitteln ein Bild von Natur und Umwelt, wie es plastischer, lebendiger, ja fröhlicher kaum möglich ist. Zu den größten Attraktionen gehört das große Aquarium. Hier können Besucher sich über das Leben im Meer informieren und durch Glasscheiben das bunte Treiben der Fische und Muscheln im Wasser beobachten. *Grønningen 30 | April–Okt. tgl. 10–17 Uhr | 120 DKK | www.naturbornholm.dk*

EINKAUFEN

Wer Shopping gern mit kleinen Entdeckungen verbindet, kann im Städtchen erfolgreich sein. Da ist z. B., direkt am Markt, das Haushaltsgeschäft *Bilenberg*, eine Fundgrube für ebenso praktische wie geschmackvolle Kleinigkeiten. Der traditioneller Bäcker *Johannes Dam (Østergade 1)* backt frisches Brot, Bornholmer Kekse und Kuchen.

INSIDER TIPP ▶ **BORNHOLMS VINFORSYNING**

In einem alten Haus neben dem Markt hat der ehemalige Journalist Søren Wolff einen gemütlichen Laden zur Wein- und Whiskyverkostung eingerichtet und natürlich auch zum Verkauf von über 200 Sorten Whisky und mindestens ebenso vielen Weinen aus aller Welt. Im Sommer lässt sich der Genuss in das hauseigene Café vor der Tür (keine Plastikstühle!) verlagern, mit Blick auf die große Kirche des Orts. *Torvet 2 | www.bornholmsvinforsyning.dk*

ÜBERNACHTEN

Einige einfache Pensionen, ein Dreisternecampingplatz *(Haregade 23 | Tel. 56 97 55 51 | www.acamp.dk),* das Stadthotel *Kanns (Eskildsgade 6 | Tel. 56 97 40 12 | www.kannshotel.dk)* und vor allem preiswerte und familienfreundliche Unterkünfte auf Bauernhöfen und in Ferienhäusern vermittelt z. B. *Feriepartner Bornholm (Hans Rømersvej 1 | Tel. 56 97 12 20 | www.feriepartner.dk).*

ZIELE IN DER UMGEBUNG

NYLARS KIRKE (125 D4) *(Ꝇ D6)*

Die 7 km westlich gelegene Kirche gilt unter Kunst- und Kirchenhistorikern als die gelungenste Rundkirche. Sie wurde weitgehend aus derben Feldsteinen gefügt, die Details bestehen vielfach aus simplem Kalk. Die spätromanischen Fresken im oberen Teil der Mittelsäule sind die ältesten auf der Insel. Ihre Entstehung wird auf die Zeit um 1250 oder 1300 datiert. *April–Sept. tgl. 8–18, Okt.–März 8–15.30 Uhr | Eintritt frei*

VESTERMARIE KIRKE (125 D3) *(Ꝇ D5)*

Diese neuromanische Landkirche 7 km nordwestlich in Vestermarie wurde erst um 1884 auf den Fundamenten eines mittelalterlichen Gotteshauses gebaut. Dabei wurde, selten für Bornholmer Bauwerke, rötlicher Granit verwendet. Eine liebevoll ausgemalte Kassettendecke im Innern und sechs Runensteine auf dem

⭐ **Aakirke**
Die älteste und größte Kirche der Insel, der „Bornholmer Dom" → S. 79

⭐ **Natur Bornholm**
Hier wird Natur spannend erklärt → S. 80

⭐ **Almindingen**
Wunderschönes Wanderrevier mit Höhepunkten wie Bornholms höchstem Berg, dem Echotal und den kultigen Trabrennen → S. 82

MARCO POLO HIGHLIGHTS

Hier gehts rund im Oval: Traber auf der Rennbahn in Almindingen

Friedhof sind die wesentlichen Sehenswürdigkeiten der Kirche. *April–Sept. tgl. 7–18, Okt.–März 8–17 Uhr*

ALMIN-DINGEN

(125 E–F2, 126 A–B 1–2) (*D–F5*)

⭐ **Der Name besagt, dass hier die Allgemeinheit (Allmende) seit dem Mittelalter einen Weideplatz hatte.**

Noch früher war die ganze Gegend von vegetationsreicher Hochheide bedeckt. Aber nachdem das Vieh über Jahrhunderte alles kahl gefressen hatte, trat um 1800 herum der Oberförster Hans Rømer auf den Plan. Gegen den Widerstand der Bauern setzte er eine Aufforstung durch. Zudem ließ er eine fast 10 km lange Mauer um den Forst errichten, damit das Vieh nicht an die frischen Setzlinge kam (an einigen Stellen sind heute noch Mauerreste zu erkennen).

2012 kamen unter großem Presseecho sieben neue Einwohner aus Polen nach Bornholm: Sechs 🟢 Wisentkühe und ein -stier. Zwei Jahre später wurden vier Kälber geboren. Die Naturschutzbehörde will dadurch einerseits einen Beitrag zur Erhaltung dieser größten Wildtiere Europas schaffen, die nicht umsonst auch Europäische Bisons genannt werden. Andererseits geht es auch um die Biodiversität: Die Wisente sorgen dafür, dass der Wald nicht zu dicht wächst und dadurch insgesamt artenreicher wird. Das 200-ha-Areal der Wisente ist eingezäunt und über den Christian-X-Vej zugänglich. Im Lauf der Jahre habe die Tiere ihre Scheu verloren und sich gut eingewöhnt. Wer sich ruhig verhält, kann die Tiere mit etwas Glück gefahrlos aus nächster Nähe betrachten.

SEHENSWERTES

EKKODALEN 🔵 (125 E2–3) (*E5*)
Der knapp einstündige Weg zur längsten und aufregendsten Felsschlucht der Insel

zum ersten Mal in Dänemark überhaupt wurde hier Fensterglas verwendet. Sehr viel älteren Ursprungs sind die Reste der *Gamleborg,* der „Alten Burg". Sie war im frühen Mittelalter Fluchtburg.

RYTTERKNÆGTEN ☀ (125 E2) *(ω E5)*
Der „Knappe" (wörtlich: Reiterknecht) ragt 162 m in die Höhe und ist damit Bornholms höchste Erhebung. Vom *Kongemindet,* dem Gipfelturm aus Granit, 1856 zur Erinnerung an den Besuch von König Frederik VII. errichtet und 1899 noch einmal um 9 m verlängert, schauen Sie sogar aus 184 m in die Weite.

SPORT & FREIZEIT

TRABRENNEN
Einen Hut brauchen Sie nicht, denn auf der Bornholmer Trabrennbahn geht es

beginnt am Forsthaus Springbakke, an der Straße nach Vestermarie. Von dort führt ein steiler Anstieg bis zu einem ☀ Aussichtspunkt. Wer bis dahin nicht aus der Puste gekommen ist, dem verschlägt womöglich der traumhafte Panoramablick den Atem. Der Abstieg ins eigentliche Echotal ist beschwerlich, der Blick vom *Fuglesandsrenden* (beim Parkplatz Traktørsted) wird den meisten Wanderern genügen.

LILLEBORG & GAMLEBORG
(125 E–F2) *(ω E5)*
Bis ins 13. Jh. versuchten die Könige von der Mitte der Insel aus den Machtgelüsten des Erzbischofs aus Lund zu trotzen. 1259 scheiterte dieser Versuch endgültig; das bischöfliche Heer zerstörte die mächtige *Lilleborg* (die „Kleine Burg"), von deren Ruinen auf einem Felsen oberhalb des Waldsees Borresø Reste zu sehen sind. Das zweistöckige Hauptgebäude war 26 m lang und 8 m breit. Sie muss prächtig ausgestattet gewesen sein –

LOW BUDG€T

Der *Hareløkkerne Naturlegeplads* gegenüber der Trabrennbahn in Almindingen ist ein kostenloses Paradies für Familien. Die große Wiese bietet Platz zum Spielen und Picknicken und es gibt eine Vielzahl von Spielgeräten. Die größte Attraktion ist der *musestig,* der über das Leben der Mäuse informiert.

Auf dem Rytterknægten in Almindingen steht ein ☀ Aussichtsturm, von dem Sie fast die ganze Insel überblicken. Seine Bauweise erinnert ein wenig an den Pariser Eiffelturm: Die letzten Meter bestehen aus einer Stahlkonstruktion mit Wendeltreppe, die man in luftiger Höhe überwinden muss. Dafür ist der Eintritt frei.

an Renntagen locker zu. Hier wird bei gutem Wetter gepicknickt und Kinder toben auf dem bahneigenen Spielplatz. Sie müssen nur auf das richtige Pferd setzen und können beim Wetten absahnen. Viel Glück!

WANDERWEGE

Aus der ehemaligen Rømer-Plantage ist inzwischen ein Forst von 24 km² geworden – ein abwechslungsreiches Wanderrevier. Drei gut gekennzeichnete Wege von 3, 4 und 5 km Länge führen durch die schönsten Teile: zum *Ekkodalen* (Echotal), zum Berg *Rytterknægten,* vorbei an den Resten der alten Fluchtburgen *Gamleborg* und *Lilleborg,* zum 10 000 Jahre alten *Rokkesten* und, vom Forsthaus Segen aus, zu den sogenannten versteckten Seen.

ZIELE IN DER UMGEBUNG

KLEMENSKER (120 C5–6) (*ID C–D4*)
Sie fahren gerne Rad? Dann werden Sie zwangsläufig in Klemensker vorbeikommen, denn die schönste Tour im Inselinneren führt durch den urigen Ort. Im *Bagehuset (Kuregårdsvej 7 | tgl. 10–13 Uhr)* gibt es die besten Waffeln der Insel und frisches, nach alter Handwerkstradition gebackenes Brot.

Auf dem Weg nach Klemensker gelangen Sie auf einer kleinen Straße, die kurz hinter Aarsballe nach links abzweigt, zum idyllischen **INSIDER TIPP** *Kræmmerhuset (Skarpeskadevej 6 | Mo–Fr 10–17 Uhr | 30 DKK | www.kraemmerhuset.com).* Hier haben die norwegischen Schwestern Anina und Snefrid einen wunderschönen Garten geschaffen. Die Kunsthandwerkerinnen verkaufen im angeschlossenen Laden Keramik, Stickereien, Patchwork, Blumen und vieles mehr. Die *Klemens Kirke* ist nicht nur äußerlich schön anzusehen. Sie wurde Ende des 19. Jhs. gebaut und glänzt mit zwei ausdrucksstarken Altarbildern des Bornholmer Malers Paul Høm. Auch eine 200 Jahre alte Bornholmer Standuhr ist im Innern aufgestellt.

SCHNEE AUF DER SONNENINSEL?

Wenngleich auf Bornholm auch im Winter meist eher milde Temperaturen herrschen, sind Schneemengen von 20 cm z. B. in Østerlars keine Seltenheit. Wenn hier spitze Eiszapfen an den Fachwerkhäusern hinunterhängen, sich lange Schlangen am Skiverleih bilden und zum Après-Ski ein Aquavit serviert wird, dann herrscht hier Stimmung wie im Allgäu oder in Tirol. Nur mit der Berghöhe hapert es: Der Gipfel ist gerade mal 38 m hoch und die Piste nur 250 m lang ... Dass hier trotzdem jeden Winter zwei Skilifte in Betrieb sind, verdanken die Insulaner Ole Harild. Aus beruflichen Gründen musste er 2006 seinen Skiurlaub absagen. Da kam ihm dann die verrückte Idee: Ich hole mir 100 000 Euro bei der EU und baue mir eine Skipiste vor der Tür. Seither avanciert Bornholm zum dänischen Kitzbühel. Hoteliers locken mit Ski und Wellness, in den Cafés duftet es nach warmen Zimtschnecken und am Abend genießt man am offenen Kamin den typischen *glögg*. In der Vorweihnachtszeit wird es dann noch *hyggeliger*. Durch die Straßen tanzen die *nisser* (Weihnachtszwerge) mit ihren roten Mützen und überall leuchten Lichter.

Hingucker in Klemens Kirke: die beiden farbkräftigen Altarbilder vom Bornholmer Maler Paul Høm

Im Käseladen der Meierei *St. Clemens (Sct. Klemensgade 17)* können Sie nicht nur den köstlichen Blauschimmelkäse kaufen, sondern auch frische Milch. Auf dem umgebauten Bauernhof *Kæmpegård (Søsende 4 | Tel. 21 25 52 45 | ferie boligbornholm.com | €€)* aus dem 18. Jh. können Sie übernachten. Familie Jørgensen betreibt neben der Ferienwohnung auch noch ökologische Landwirtschaft. Lassen Sie sich morgens von den Hühnern wecken und leben Sie Tür an Tür mit Minischweinen. Kæmpegård ist ein Paradies für Kinder inmitten der Natur.

RØ PLANTAGE (121 E5) (*ID E3–4*)

Dieses heute so natürlich und alt wirkende Waldgebiet nördlich von Almindingen, das zweitgrößte auf Bornholm, wurde erst um 1870 angelegt. Davor war es Hochheide, stark genutztes Weideland. Anders als in Almindingen wird das Bild hier von Nadelwald geprägt. Im Sumpfgelände und in den kleinen Mooren können botanisch Interessierte eine Vielzahl seltener Pflanzen entdecken. Tierfreunde haben gute Chancen, Rehe zu beobachten. Für Vogelliebhaber: Der Forst ist Heimat mehrerer Schwarzspechte.

RUTSKER HØJLYNG (121 D4) (*ID D3*)

Da hätte auch Obelix seine liebe Not gehabt: 20 bzw. 7 t wiegen die beiden größten der Wackelsteine in der Hochheide *Højlyng* nördlich der Straße von Klemensker nach Rø. Solche Felsbrocken aus der Eiszeit liegen in kleinerer Form überall zwischen der lila blühenden Erika und den duftenden Wacholderbüschen verteilt. Buchen und Rotfichten ragen empor, in denen Eichhörnchen auf und ab huschen und Nachtigallen singen. Nehmen Sie ein Fernglas mit, denn während der Dämmerung kann man hier Rehe beobachten. Wanderwege beginnen am Parkplatz *Slettevej.*

ERLEBNISTOUREN

① BORNHOLM PERFEKT IM ÜBERBLICK

START: ① Rønne
ZIEL: ① Rønne

4 Tage
reine Fahrzeit
ca. 9–11 Stunden

Strecke:
 gut 110 km

KOSTEN: ca. 450 Euro/Person im Doppelzimmer (Übernachtungen, Verpflegung, Eintritte)
MITNEHMEN: Badesachen, Picknick, Sonnen- und Regenschutz

ACHTUNG: Wo nicht anders angegeben, folgt die Strecke der Cykelrute 10.

Bornholm lässt sich am besten mit dem Rad erkunden. Erleben Sie malerische Dörfer, kilometerlange, feinsandige Strände, imposante Küstenabschnitte und eine

Sie wollen die einzigartigen Facetten dieser Region entdecken? Dann los! Noch einfacher wird es mit der Touren-App: Laden Sie sich die Tour über den QR-Code auf Seite 2/3 oder über die Webadresse in der Fußzeile auf Ihr Smartphone – damit Sie auch offline die perfekte Orientierung haben. Bei Änderungen der Tour ist die App auf dem neuesten Stand und weicht ggf. von den Erlebnistouren im Buch ab. In diesem Fall finden Sie in den Events & News (s. S. 2/3) die neueste Tour als PDF.

TOUREN-APP

→ S. 2/3

einzigartige Natur. Der Radweg führt fast immer mit tollem Panorama an der Küste entlang.

Sie starten am Hafen in ❶ **Rønne** und biegen am Hafenausgang links ab auf die Cykelrute 10. Hinter dem Ortsausgang macht der Weg einen Schlenker in den Wald ❷ **Blykobbe Plantage**. Sie fahren weiter und erreichen ❸ **Hasle → S. 33** mit seinem historischen Marktplatz, der gotischen Kirche und dem malerischen Hafen. Machen Sie eine erfrischende Pause im **Havnebad**!

TAG 1
❶ Rønne
3 km
❷ Blykobbe Plantage
8 km
❸ Hasle

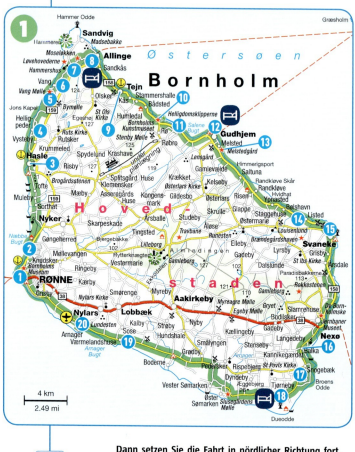

4 km

4 Helligpeder

5 km

5 Ringebakker

1 km

6 Vang

3 km

7 Slotslyngen

4 km

8 Allinge

Dann setzen Sie die Fahrt in nördlicher Richtung fort, passieren erst den Hafen und radeln dann entlang eines schroffen Küstenabschnitts. Erkunden Sie **4 Helligpeder → S. 37** – es ist das kleinste Dorf der Insel! **Der Radweg führt weiter durch den ehemaligen Steinbruch 5 Ringebakker**, der zu den ursprünglichsten Küstenabschnitten der Insel gehört. Die ganze Gegend liegt voll mit Granitsteinen – ideale Sitzmöglichkeiten, um eine Pause einzulegen. **Jetzt sind es nur noch wenige Kilometer bis 6 Vang → S. 39**, ein ursprüngliches Fischerdorf mit idyllischem Hafen. **Nördlich queren Sie 7 Slotslyngen → S. 54**. Halten Sie hier an für einen kleinen Spaziergang durch die Heide. **Ihr Etappenziel ist 8 Allinge → S. 46**. Zum Abendessen geht es in **Nordbornholms Røgeri**: Genießen Sie „Bornholmer Gold" und dazu ein Inselbier.

Heute gilt die Devise: Der Weg ist das Ziel! Die 15 km kurze Tagesetappe **führt unmittelbar an der Küste entlang** und bietet ein einmaliges Panorama. **Ab Allinge folgen Sie der Hauptstraße immer in südöstlicher Richtung bis Gudhjem. Nach wenigen Kilometern erreichen Sie ⑨ Tejn → S. 54** mit dem drittgrößten Hafen der Insel. **Am Kreisverkehr verlassen Sie den Radweg für etwa 1 km nach links (Havnevej, Vestkajen, Havnen)** und radeln durch das **Hafengelände**. Beobachten Sie die Fischer bei ihrer Arbeit und machen Sie ein Päuschen auf einer Bank mit Blick aufs Meer. Am Ende des Hafengeländes (Østvej) biegen Sie rechts ab zurück auf die Cykelrute 10. Nach 4 km liegen linker Hand **⑩ Bornholms Kunstmuseum → S. 55** und **⑪ Helligdommen**. Wandern Sie nach dem Museumsbesuch ein Stück entlang der Steilküste. Hier locken schöne Picknickplätze. **Am Nachmittag erreichen Sie ⑫ Gudhjem → S. 58.** Jetzt haben Sie sich ein Softeis im **Gudhjem Special** verdient! Anschließend bleibt noch ausreichend Zeit, um den Ort zu erkunden.

Sie verlassen Gudhjem entlang der Hauptstraße südostwärts. Erster Stopp ist der Badestrand von ⑬ Melsted. Fahren Sie danach weiter in südlicher Richtung. Pünktlich zum Mittagessen erreichen Sie den Hafen von ⑭ Listed, wo Sie im Café **Bay Frost → S. 64** von Signe Frost Kaffee und selbst gebackenen Kuchen serviert bekommen.

Jetzt sind es nur noch 2 km bis ⑮ Svaneke → S. 63. Bummeln Sie durch die idyllische Ortschaft, vorbei an schönen Fachwerkhäusern, und stöbern Sie in den Kunsthandwerksgeschäften. **Es geht weiter auf der Cykelrute 10 bis zur Südspitze der Insel. Machen Sie unbedingt einen Stopp am breiten Strand von ⑯ Balka → S. 77. Von hier sind es nur wenige Fahrminuten bis ⑰ Snogebæk → S. 75** mit seinen kleinen Souvenirgeschäften. Sie übernachten in **⑱ Dueodde → S. 67.** Der Touristenort bietet zahlreiche Restaurants und Kneipen.

Hinter Dueodde verläuft der Radweg weiter in nördlicher Richtung und macht in Höhe Ringborgen eine Linksbiegung. Nun radeln Sie an der Hauptstraße entlang bis zur Bucht ⑲ Sose Odde mit schönen Stränden. Machen Sie hier noch einmal eine Schwimmpause am Strand! **Am frü-**

TAG 2

4 km

⑨ Tejn

6 km

⑩ Bornholms Kunstmuseum

0,5 km

⑪ Helligdommen

6 km

⑫ Gudhjem

TAG 3

2 km

⑬ Melsted

12 km

⑭ Listed

3 km

⑮ Svaneke

13 km

⑯ Balka

2 km

⑰ Snogebæk

5 km

⑱ Dueodde

TAG 4

18 km

⑲ Sose Odde

5 km

20 Arnager

10 km

1 Rønne

hen Nachmittag erreichen Sie **20** Arnager → S. 44 mit seinem idyllischen **Hafen**. Lassen Sie sich den Hering in der **Arnager Røgeri** schmecken. **Letzte Station ist die quirlige Inselhauptstadt** **1** Rønne → S. 39. Bummeln Sie durch die **Altstadt** mit den kleinen Läden, genießen Sie lokale Spezialitäten und tauchen Sie zum Abschluss in das – beschauliche – Nachtleben ein!

2 MIT DEM RAD VON NORD NACH SÜD QUER ÜBER DIE INSEL

START: 1 Allinge
ZIEL: 11 Dueodde

1 Tag
reine Fahrzeit
ca. 5 ½ Stunden

Strecke:
➡ **knapp 75 km**

KOSTEN: ca. 35 Euro (Mittagessen, Eis, Wein, Eintritt **3** Hammer Fyr)
MITNEHMEN: Picknick, Badesachen, Sonnen- und/oder Regenschutz, Fernglas

Diese Tour führt Sie fernab der Strände durch die Natur im Inselinneren mit üppigen Wäldern und blühenden Feldern. Sie lernen das ursprüngliche Bornholm kennen mit kleinen Dörfern und gemütlichen Einkehrgelegenheiten.

1 Allinge

4 km

2 Hammersø

1 km

3 Hammer Fyr

10 km

4 Sankt Ols Kirke

5 km

5 Rutsker Højlyng

2 km

09:30 Sie starten am Touristenbüro von **1** Allinge → S. 46 und radeln in westlicher Richtung bis zum Moseløkkenhus. Dort biegen Sie rechts ab, fahren bis zum Ende der Straße, biegen erneut rechts ab und erreichen den Parkplatz am **2** Hammersø → S. 52. Wandern Sie einmal um den See und genießen Sie die Naturschönheiten. **Folgen Sie dann dem Waldweg in Richtung Küste bis zum Leuchtturm** **3** Hammer Fyr → S. 52, der Ihnen eine spektakuläre Aussicht garantiert. **Dann radeln Sie zurück bis zum Moseløkkenhus und setzen die Fahrt in südlicher Richtung fort durch das Heidegebiet von Slotslyngen.**

Hinter dem Paradisdalen führt der Radweg nach links bis Olsker. Werfen Sie hier einen Blick in **4** Sankt Ols Kirke → S. 55, die zweitgrößte Rundkirche der Insel. **Es geht weiter nach Süden** durch das Hochheidegebiet **5** Rutsker Højlyng → S. 85 mit dem mehr als 20 t schweren Wackelstein **Rokkesten** – ein reizvolles Fotomotiv und ein schö-

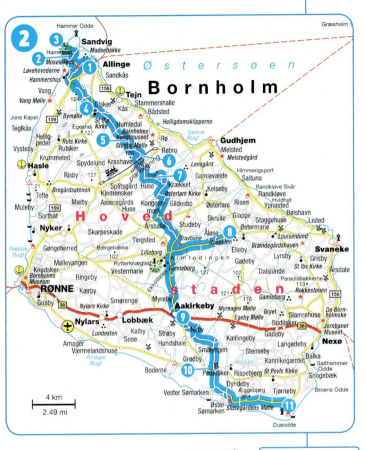

ner Picknickplatz. Natur pur gibt es auch in **6** INSIDER TIPP **Spellingemosen**. In den kleinen Moorseen lassen sich Teichhühner, Enten und andere Wasservögel beobachten. Im angrenzenden Waldgebiet der **Rø Plantage → S. 85** können Sie im **7 Nordre Borgedal** auch tagsüber Damwild in freier Wildbahn sichten. **Am Parkplatz Langemyr verlassen Sie den Radweg nach links in Richtung Lundehus und fahren bis kurz hinter dem Nordvej (500 m). Hier beginnt ein markierter, ca. 30-minütiger Wanderweg durchs Nordre Borgedal.**

14:00 **Nun erreichen Sie den Wald von Almindingen im Herzen der Insel. Hinter der Trabrennbahn biegen**

6 Spellingemosen

4 km

7 Nordre Borgedal

18 km

8 Fru Petersens Café

12 km

9 Aakirkeby

8 km

Sie links ab nach Østermarie. Höchste Zeit für eine Stärkung! Bedienen Sie sich in **8 Fru Petersens Café → S. 65** am Kuchenbuffet oder probieren Sie die leckeren Fischhäppchen. **Dann radeln Sie bis zur Trabrennbahn zurück, biegen links ab und folgen dem Radweg bis 9 Aakirkeby → S. 78.** Bummeln Sie durch das beschauliche Zentrum der Blumenstadt – hier finden Sie garantiert ein Mitbringsel für die Lieben daheim.

Moorseen und ein Wackelstein: Kurz nach Olsker kommen Sie durch Rutsker Højlyng und Spellingemosen

10 Lille Gadegård

10 km

11 Dueodde

16:30 **Anschließend folgen Sie dem Radweg in östlicher Richtung und biegen bei Smålyngen rechts ab** nach Pedersker. Probieren Sie bei **10 Lille Gadegård → S. 71** ein Gläschen Wein – Sie sind schließlich schon kurz vor dem Ziel! **Schräg gegenüber der Peders Kirke führt der Radweg weiter nach Süden und direkt nach 11 Dueodde → S. 67.** Radeln Sie bis zum großen Parkplatz. Jetzt haben Sie sich eine Pause verdient! Danach bleibt noch genug Zeit für ein Bad am feinsandigen Strand.

3 HEIDELANDSCHAFT, KLIPPEN UND EIN WASSERFALL

START: 1 Bushaltestelle Hammershus	**5 Stunden**
ZIEL: 1 Bushaltestelle Hammershus	reine Gehzeit
Strecke: Schwierigkeitsgrad:	ca. 2 ½ Stunden
8 km leicht	

KOSTEN: 35 Euro (Essen, Eintritt **2 Hammershus**)
MITNEHMEN: Wanderschuhe, Fernglas, Getränk

Diese Wanderung begeistert durch die faszinierende Vogel- und Pflanzenwelt im Heidegebiet von Slotslyngen. Die grüne Heide steht in schönem Kontrast zu den vom Eis abgeschliffenen Felsen und der türkisfarbenen Ostsee. Dazwischen liegen üppige Wälder mit uralten Kiefern und Birken.

10:00 Von der ❶ **Bushaltestelle Hammershus** gehen Sie zur Straße und folgen dieser etwa 200 m in südlicher Richtung. Dann führt Sie ein kleiner Pfad rechter Hand über eine Heidefläche in einen Laubwald. Nach wenigen Metern kreuzen Sie den Hauptwanderweg und laufen in nordwestlicher Richtung bis zum ❷ **Hammershus → S. 53**. Nehmen Sie sich etwas Zeit, um die Ruine zu erkunden. Bei gutem Wetter reicht der Blick bis nach Schweden! **Dann geht es südwärts durchs Mølledalen.** Mit etwas Glück erspähen Sie Baumläufer und Blaumeisen bei der Futtersuche und hören den Gesang einer Nachtigall.

Nach etwa 1 km wird der Weg steiniger. Die Heide ist hier mit Felsen durchsetzt. **Am Ende der ersten großen Felsformation liegt ❸ Mulekleven.** Packen Sie das Fernglas aus: Hier in den Felsen brüten zahlreiche Vogelarten, darunter der Alkenvogel *(mule)*. **Es geht weiter Richtung Süden und wieder in den Wald hinein.** Immer wieder gibt es Freiflächen mit einem einzigartigen Blick auf das Meer. Dann erreichen Sie den Wasserfall ❹ **INSIDERTIPP Pissebækken**, der drittgrößte Dänemarks. Der vulgäre Name lässt Platz für Spekulationen. Aber keine Angst: Im Wasserbecken finden Sie das klarste Wasser der Insel!

12:30 Nun kommen Sie ins Fischerdorf ❺ **Vang → S. 39** – Zeit für eine kleine Pause. Suchen Sie sich ein Picknickplätzchen im Hafen. Holztische und Bänke, zum Teil überdacht, sind vorhan-

❶ Bushaltestelle Hammershus

650 m

❷ Hammershus

1550 m

❸ Mulekleven

1050 m

❹ Pissebækken

550 m

❺ Vang

3

500 m
547 yd

Seene Bugt

Kamelhovederne og Løvehovedet (Felsenformation)

Hammershus (Burgruine)

ØSTERSØEN (OSTSEE)

Slotslyngen

Skovbo

Lyngholt Familiencamping

Finnedalen

Østre Borregård

Bornholms Tekniske Samling (Technische Sammlung)

Vang Vandmølle

Vang

Le Port

123 Borrebavne

Borrehus

Korteby

1300 m

6 Egisdalen

1600 m

7 Troldsbjerg

400 m

8 Paradisdalen

800 m

1 Bushaltestelle Hammershus

den. Im Hafenladen **Bixen** gibt es Erfrischungen und Knabbereien. Und dann packen Sie die Badehose aus! Am Hafen liegt **Vang Pier**, ein künstlich angelegter Strand aus Sand und Inselgranit. **Nach dem Bad im Meer führt Ihr Weg nördlich aus dem Dorf hinaus zum Wanderweg auf Höhe Pissebækken zurück. An der Gabelung nehmen Sie jetzt aber den rechten Weg.** Er führt direkt durchs Gebiet von Finnens Top, der mit 81 m höchsten Erhebung von Slotslyngen. **Kurz darauf passieren Sie den Wanderweg 6 Egisdalen**, der zu den Klippen führt und Ihnen eine tolle Aussicht beschert.

14:00 Sie gehen weiter nordostwärts bis zu einem Parkplatz und kommen dort in einen Wald. Nachdem Sie zwei kleine Gewässer passiert haben, macht der Weg eine Kehre nach rechts und trifft zwei weitere Wanderwege. Sie wählen den östlichen zum **7 Troldsbjerg**, einem Aussichtspunkt mit schönem Blick über die Heidelandschaft. **Dann geht es wieder in den Nadelwald und am Bach entlang,** der den Troldsbjerg mit dem **8 Paradisdalen** verbindet. Diese Schlucht ist eines der kleinsten Spaltentäler der Insel – trotzdem haben die Felswände eine imposante Wirkung. **Am Ende des Tals, kurz vor der Hauptstraße, biegen Sie nach links auf einen kleinen Pfad ab und erreichen am Slotslyngshus wieder den ausgeschilderten Wanderweg, der Sie nach knapp 100 m zur 1 Bushaltestelle Hammershus** zurückbringt.

Auf immer wieder tolle Ostseeblicke dürfen Sie sich bei der Wanderung um Hammershus freuen

VIELFÄLTIGE NATUR IN DEN „PARADIESHÜGELN"

START: ❶ Parkplatz Oksemyrevejen
ZIEL: ⓮ Aarsdale

6 Stunden
reine Gehzeit
ca. 2 ½ Stunden

Strecke: 11 km

Schwierigkeitsgrad: leicht

KOSTEN: Picknick, Essen in der Aarsdale Silderøgeri
MITNEHMEN: Badesachen, Wanderschuhe, Picknick, Getränk, Fernglas

ACHTUNG: Zugang zum Gelände von 6 Uhr bis Sonnenuntergang

Seine Jugenderlebnisse hat der große Bornholmer Schriftsteller Martin Andersen Nexø in seinem Roman „Unter offenem Himmel" verarbeitet: Als Hütejunge trieb er Schafe über die Paradisbakkerne. Paradiesisch ist hier vor allem der Reichtum an ganz unterschiedlichen Landschaftsformen: Mischwald und offene Heide wechseln sich ab mit kleinen, im Sonnenlicht glitzernden Waldseen und engen, felsigen Spaltentälern. Durch diese Vielzahl an Biotopen ist das Gebiet zudem besonders reich an Vogelarten.

10:00 **Sie starten am** ❶ **Parkplatz Oksemyrevej. Nach knapp 200 m biegen Sie rechts ab und erreichen bald das Hochmoor** ❷ **Gamledam**, das dicht bewachsen ist mit Hängepflanzen und Trockenmoos. Genießen Sie die Farben: Die roten Blätter des Sonnentaus und das weiße Wollgras kontrastieren im Sommer mit dem hellgrün leuchtenden Torfmoos. **Gleich dahinter passieren Sie** ❸ **Trommerestene**, eine kleine Ansammlung von Findlingen. Ein idealer Ort für eine Trinkpause! Jetzt wird der Weg etwas steiniger und **macht eine Biegung nach links in südliche Richtung.** Willkommen im ❹ **INSIDERTIPP Dybedal**, einem Höhepunkt der Wanderung. Die 2–3 m schmalen Klippenspalten sind charakteristisch für den Paradisbakkerne-Granit. Vorsicht an den Kanten: Einige Spalten reichen metertief hinunter! **Am Ende des Tals folgen Sie dem Wanderweg nach rechts und erreichen wenig später** den für seine einzigartige Vogelwelt bekannten Mischwald ❺ **Tamperdal**. Lauschen Sie dem Gesang der Rohrdommel oder beobachten Sie seltene Schwarzspechte. Ein paar Minuten später erreichen Sie ein weiteres Spaltental, das ❻ **Majdal**. Pflücken Sie hier in der Saison ein paar Blau- oder Preiselbeeren!

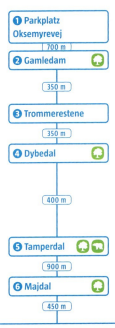

❶ Parkplatz Oksemyrevej

700 m

❷ Gamledam

350 m

❸ Trommerestene

350 m

❹ Dybedal

400 m

❺ Tamperdal

900 m

❻ Majdal

450 m

⑦ Midterpilt

950 m

⑧ Grydesø

250 m

⑨ Rokkesten

1150 m

Eine Linksbiegung führt Sie auf die Steinpyramide ⑦ **Midterpilt**, die den Hütejungen in der Heide einst Orientierung boten – Gelegenheit für einen Fotostopp! **Sie erreichen den Lindsvej und folgen ihm etwa 200 m in südlicher Richtung.** Danach geht es nach links und durch das Grydedal bis zum ⑧ **Grydesø**, einem malerischen Waldsee, der dunkel schimmert und von hohen Bäumen umgeben ist. **Gleich dahinter** liegt Dänemarks wohl bekanntester Wackelstein, der ⑨ **Rokkesten** mit einem Gewicht von mehr als 20 t. Generationen von Wanderern versuchten bereits, den Stein zum Wackeln zu bringen – jahrzehntelang vergeblich, bis er im Jahr 2000 mit technischen Hilfsmitteln so verlagert wurde, dass

er sich jetzt von Muskelprotzen wieder etwas bewegen lässt. Also Kräfte messen! **Nach einer Linksbiegung führt der Weg dann geradewegs nach Fjeldstauan,** einst die erste dänische Jugendherberge, heute ein privates Sommerhaus.

12:00 **Sie wandern hier weiter bis ⑩ Klinteby**, eine Gruppe von drei Heidehöfen mit einer Panoramaaussicht über die Hochheide. **Dann geht es weiter nach links über den Klintebyvejen und sofort wieder links zum ⑪ Kiosk Lisegård**. Zeit für eine Picknickpause an den gemütlichen Holzsitzbänken! **Der Weg führt dann durch den Wald zurück in nördliche Richtung. Am Ende des Wegs zweigen Sie rechts ab und wandern durch das Kodal, an dessen Ende Sie links und gleich wieder rechts abbiegen.** Letzte Etappe ist der kleine Waldsee ⑫ **Oksemyr** mit üppiger Vegetation. **Dahinter biegen Sie rechts ab und erreichen so wieder den ⑬ Parkplatz Oksemyrevej**.

14:00 **Jetzt geht es per Auto weiter: Folgen Sie den Schildern in Richtung ⑭ Aarsdale → S. 74**. In der **Aarsdale Silderøgeri** genießen Sie leckere Fischspezialitäten. **Nördlich der Røgeri (Strandvejen)** liegt ein kleiner **Badestrand**. Lassen Sie die Tour hier entspannt mit einem Bad im Meer ausklingen.

⑩ Klinteby

450 m

⑪ Kiosk Lisegård

1850 m

⑫ Oksemyr

450 m

⑬ Parkplatz Oksemyrevej

3050 m

⑭ Aarsdale

In den Waldseen der Paradisbakkerne kann man nicht baden – umso mehr lockt zum Schluss die Ostsee!

SPORT & WELLNESS

In der großen Vielfalt des Angebots liegt der Reiz: Von gemächlichen Radtouren bis hin zu heißen Beachvolleyballturnieren reicht die Palette aktiver Möglichkeiten.

ANGELN

Aus den Häfen läuft in der Saison eine kleine Armada von Kuttern zu Angelfahrten aus. Meistens dauern diese Törns drei Stunden und kosten etwa 20 Euro plus Angelkarte plus gegebenenfalls Miete für Ausrüstung. Eine Übersicht über viele Angebote bietet die zum Teil deutschsprachige Website *bornholmsfiskeri.dk*. Teils weisen die Skipper auch mit Zetteln auf Anschlagbrettern in den Küstenorten auf ihre Fahrten hin.

Binnenseeangler lieben es beschaulich. Eine ganze Reihe kommunaler Seen sind zum Angeln ohne Gebühren freigegeben. Auf der Website *www.putandtake.info/bornholm* findet sich eine Liste dieser *fiskesøen*. Dazu gehört z. B. der *Stenbrudsøen* beim Nexø Familiecamping. Zur Beute gehören dort Aale, Barsche und Plötzen. Härter zur Sache geht es beim Trolling auf Lachse oder beim Pilken auf Dorsche. Bootsverleih u. a. im *Melsted Trolling Center (Tel. 56 48 52 11 | www.laksetrolling.dk)*. Angelkarten sind in den Touristenbüros erhältlich.

GOLF

In Dänemark ist Golf schon lange fast ein Volkssport. Drei 18-Loch-Plätze bieten

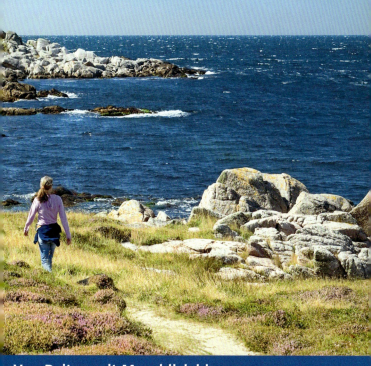

Von Reiten mit Meerblick bis zum Marathon: Die kleine Insel hält ein großes Angebot für aktive Urlauber bereit

beste Möglichkeiten. Der schönste und anspruchsvollste liegt im Norden bei Rø. Die Bedingungen sind überall gleich: Reservierung erbeten, 350 DKK Greenfee, Saison ist ganzjährig (wetterabhängig). Bei Rønne liegt *Bornholms Golf Klub (Plantagevej 3 | Tel. 30 80 68 33 | www. bornholmsgolfklub.dk),* in der Nähe von Rø befindet sich der Platz des Clubs *NGK (Speelingevej 3 | Tel. 56 48 40 50 | www. gudhjemgolfklub.dk).* Golfer und ihre Gäste kehren dort gern in den Gasthof **INSIDER TIPP** *Stenby Mølle* ein, direkt ne-

ben Loch 2: deftiges Essen, zünftige Atmosphäre. Im Süden gibt es den *Nexø Golf Klub (Dueodde | Tel. 56 48 89 87 | www.nexogolfklub.dk).*

LAUFEN

Laufen ist klar die Nummer eins. Bornholm hat sehr gute Läufer, nicht nur auf Landesebene, sondern auch international. Wer sich also etwas mehr zutraut, als nur allein durch den Wald zu joggen, kann das ganze Jahr über an zahlreichen

Wettkämpfen auf der Insel teilnehmen (alle Termine finden Sie auf *www.jog gingbornholm.dk*, Stichwort *løbskalender*). Hauptattraktion ist die alljährlich im Juli stattfindende *Etape Bornholm (www.etape-bornholm.dk)*, wo an fünf aufeinanderfolgenden Tagen auf verschiedenen Routen die Marathondistanz absolviert wird. Für Kinder finden Viertel- und Halbmarathonläufe statt. Beide Wettbewerbe gehen über drei Tage. Wem das nicht genügt, der kann am Triathlon *Granite Man* teilnehmen, bei dem es richtig zur Sache geht: 1900 m Schwimmen, 87 km Radfahren und 21,1 km Laufen. *www.viking-atletik.dk*

MINI- & FUSSBALLGOLF

Überall auf der Insel finden Sie unterschiedlich gestaltete Minigolfplätze. Mit nostalgischem Flair spielen Sie in Sandvig *(www.sandvigminigolf.dk)* auf einer Anlage, die seit 1951 besteht. Einer der schönsten Plätze liegt am Balkastrand. Wer es lieber mit den Füßen versuchen will, spielt **INSIDER TIPP** Fußballgolf auf der schönen Anlage in Bodilsker *(www. fodboldgolfbornholm.dk)* mit überdachtem Picknickplatz.

RADFAHREN

Ein Radwegenetz von über 250 km überzieht die Insel, mit herrlichen Ausblicken aufs Meer, mit Routen durch verwunschen wirkende Spaltentäler und Moore. Im Velkomstcenter in Rønne oder per Post via *www.bornholm.info* erhalten Sie kostenlos den Fahrradguide „Velkommen til vores cykelø" inklusive Karten mit 21 Fahrradrouten, drei Mountainbikestrecken und einer Kinderfahrradtour.
Jährlich im August (Termine unterschiedlich) schwingen sich Hunderte von Bornholmern und Urlaubern zur **INSIDER TIPP**

Radrundfahrt um die Insel *(Bornholm rundt på cykel)* auf den Sattel. Das ist kein Wettbewerb, sondern ein Familienspaß mit Volksfestcharakter *(www.cykel bornholmrundt.dk)*.

REITEN

Pferdefreunde finden auf der Insel einige Reitschulen und Pferdehöfe. Zu den besten Adressen der Insel gehört die *Stutteri Hesteklewa (Nørregårdsvejen 1 | Tel. 56 49 63 80 | www.hesteklewa.dk)* in Svaneke. Hier kann man Dressur- und Springreiten lernen. Schöne Strand- und andere Ausritte bieten *Siegårds Ridecenter (Siegårdsvej 20 | Tel. 29 65 19 76 | www.siegaard.eu)* in Hasle oder die *Stutteri Liselund (Blemmelyngvejen 24 | Tel. 20 34 14 48 | www.stutteriliselund.dk)* in Nylars.

WANDERN

Attraktiv sind Wanderungen entlang der Küstenpfade. Auf diesen über 120 km langen, bestens ausgeschilderten Wegen drehten früher Küstenwächter und Strandräuber ihre Runden. Zu den schönsten Routen gehören die Wanderungen von Gudhjem nach Helligdommen, von Hammershus nach Vang oder einmal um die Halbinsel Hammeren.
Vor allem in der Vorsaison, im April und Mai, kommen Naturfreunde auf Bornholm ins Schwärmen: Dann blühen das gefleckte Knabenkraut, eine violette Orchideenart, ferner die rote Lichtnelke sowie die Wiesenschüssel und über dem Ganzen liegt der knoblauchähnliche Duft von Bärlauch.

WASSERSPORT

In den letzten Jahren haben immer mehr Wassersporteinrichtungen auf der Insel eröffnet. Kajak, Surfen, Tauchen, Schnorcheln, Kanu etc. – hier gibt es alles! Surfer treffen sich auf der Surffarm *(www. bornholmsurffarm.com)* in Gudhjem. Tauch- und Schnorchelkurse bietet *Bådfart Bornholm (www.boatingbornholm. dk)* an und Mietkajaks gibt es bei *Paddle Bornholm (www.paddlebornholm.dk).*

Saunafreunde finden auf Bornholm ein abwechslungsreiches Angebot. Saunieren zum kleinen Preis kann man in den Schwimmbädern wie z. B. der *Rønne Svømmehal (www.roennesvoemmehal. dk)*. Viele Ferienhäuser – vor allem in Dueodde und Sømarken – sind mit einer privaten Sauna ausgestattet. Selbst viele

Radweg bei Allinge: Fernab vom Autoverkehr geht es durch Felder und Wälder

WELLNESS, SAUNA & MASSAGEN

Das Thema Wellness spielt auf Bornholm eine immer größere Rolle – wobei der Begriff in Dänemark eine weitere Auslegung erfährt: Auch Fitness, Erholung, Stressabbau und die Erhaltung der Gesundheit werden unter diesem Etikett zusammengefasst. Betriebe, die ein Wellnesssiegel führen, garantieren professionell ausgebildetes Personal. Im Vordergrund stehen zudem eine gesunde Küche, eine heilende Wirkung der Anwendungen und Bewegungsmöglichkeiten im Freien.

Campingplätze verfügen über eine eigene Sauna *(www.lyngholt-camping.dk)*. Die Sauna von Dueodde Familiecamping ist auch für Besucher zugänglich.
Relativ preiswert sind Massageangebote der Schwimmhallen. In der *Gudhjem Svømmehal (www.gudhjemsvoemmehal. dk)* warten fünf Masseurinnen mit unterschiedlichen Angeboten. Wandee Andersen *(www.wat-poo.dk)* bietet in Rønne thailändische Wat-Poo-Massagen und Zonentherapie an. Auch einige Hotels locken mit Massage- und Wellnessangeboten. Die edelste Massage gibt es sicherlich im Hamam im Griffen Hotel & Wellness in Rønne.

MIT KINDERN UNTERWEGS

Der Kellner hilft der Dreijährigen in den Hochstuhl. Dann rückt er, ganz Gentleman, der knapp siebenjährigen Schwester den Stuhl zurecht, legt Malstifte und Märchenfiguren bereit und fragt schließlich höflich lächelnd: „Und was wünschen die Damen zu speisen ...?"

Typisch für Dänemark, typisch für Bornholm! Kein anderes Land in Europa ist so liebevoll, so praktisch und so selbstverständlich auf Familien mit kleinen und größeren Kindern eingestellt: im Postamt, bei der Bank, im Servicecenter eines Ferienhausvermittlers, in fast allen Restaurants und in vielen Hotels. Und nirgendwo im kleinen Königreich können Kinder mehr Abwechslung, mehr Spaß, mehr „heile Welt" in Natur und kleinen Städten, auf gemütlichen Sommerfesten und bei ebenso lustigen wie lehrreichen Abstechern in vergangene Epochen haben als auf Bornholm.

In verwunschenen Wäldern wie z. B. in den Paradieshügeln bei Nexø warten riesige Wackelsteine auf kleine Abenteurer, in Skandinaviens größter Burgruine Hammershus lässt sich wunderbar Ritter spielen. Und in den zahlreichen Kunsthandwerkstätten der Keramiker und Glasbläser darf man vielfach nicht nur zuschauen, sondern auch mal etwas ausprobieren. Und ganz besonders beliebte Ziele, nicht nur an Regentagen – und nicht nur bei Kindern ... –, sind die vielen Softeisbuden, die Bonbonkocher (am Marktplatz in Svaneke und in der Karamel Kompagniet in Gudhjem) und eine kleine Schokoladenfabrik in Snogebæk.

Erlebniszentren, Bonbonkocher und Märchentanten: Kinder müssen hier nicht künstlich bespaßt werden

RØNNE UND DIE WESTKÜSTE

RAUBVÖGELSHOW BEI NYKER
(124 C1) *(🗺 C5)*

Falken, Eulen, Adler und Geier fliegen dicht am Publikum vorbei. Einige Kinder aus dem Publikum dürfen die riesigen Vögel auch auf dem Arm tragen, geschützt durch dicke Lederhandschuhe. Bei schlechtem Wetter fliegen die Vögel in einer Halle. Meist finden die Shows vormittags um 11 Uhr statt, aber nicht täglich. *Lundsgårdsvej 4 | Tel. 96 79 30 37 |* 120 DKK, Kinder 70 DKK | *www.bornholmsrovfugleshow.dk*

OSTKÜSTE

BONBONMANUFAKTUREN
IN SVANEKE 🟠 **(123 E5)** *(🗺 H5)*

In Svaneke lässt sich in zwei Manufakturen mit Augen, Nase und Mund erkunden, wie Süßigkeiten in sorgfältiger Handarbeit hergestellt werden. Die *Karamelleriet (Havnebryggen 2a | www.karamelleriet.dk)* hat sich auf die Produktion von feinem Karamell spezialisiert, *Svaneke Bolcheriet* (Svaneke Torv 7 | www.bolcheriet.dk) produziert in der Hochsaison mit bis zu zehn Mitarbeitern hochwertige Bonbons mit lokalen Zutaten. Unbedingt probieren: die Rhabarberbonbons!

BRÆNDESGÅRDSHAVEN
(123 D5) (*ℳ H5*)
In der *Svævebane* über den Park schweben, sich im *Nautic-Jet* in die Tiefe stürzen oder sich im *Luna Loop* kopfüber drehen – in diesem Freizeitpark wird es garantiert nie langweilig. Im *Zoo* zeigen Lemuren und Kängurus ihre akrobatischen Kunststücke. Und gehen Sie am Lamagehege nicht zu dicht ran, sonst werden Sie noch bespuckt. An heißen Tagen lockt das *Wasserland* mit Rutschbahnen, Schwimmbad und Kinderpool. Tuckern Sie zum Abschluss mit dem Boot durch die Gartenanlage! *Højevejen 4 | Mai–Mitte Juni und Mitte Aug.–Sept. mit vereinzelten Schließtagen (s. Website) 11–17, Mitte Juni–Mitte Aug. tgl. 10–18.30 Uhr | 129, Mitte Juni–Mitte Aug. 149 DKK, Kinder unter 4 Jahren frei | www.braendesgaardshaven.com*

GLASMANUFAKTUREN
Nicht nur Zucker wird auf Bonbon geschmolzen, sondern auch Glas. In mehreren Werkstätten kann man zuschauen, wie die heiße Glasmasse zu kunstvollen Gefäßen geformt und geblasen wird, so in Gudhjem in der *Gudhjem Glasrøgeri* ((122 B2) (*ℳ F3*) | Ejnar Mikkelsensvej 13a | Mo–Fr 10–17, Sa/So 11–17 Uhr | www.gudhjem-glasroegeri.dk) und bei *Baltic Sea Glass* ((122 B3) (*ℳ F3*) | Melstedvej 47 | tgl. 10–17 Uhr | www.balticseaglass.com). Bei *Pernille Bülow* ((123 E5) (*ℳ H5*) | Brænderigænget 8 | Mo–Fr 8.30–16.30, Sa 8.30–13.30 Uhr | www.pernillebulow.dk) in Svaneke können Besucher den gesamten Prozess der Glasgestaltung am 1120 Grad heißen Glasofen begleiten.

MIDDELALDERCENTER
(122 A4) (*ℳ F4*)
Eher ein historisch orientierter Erlebnisplatz als ein Museum: Märkte, Werkstätten und Ritterturniere zeigen zwischen Gudhjem und Østerlars auf fröhliche Weise den Alltag des 14. Jhs. *Stangevej 1 | Mai–Mitte Juni und Sept. Di–Do 12–16, Mitte Juni–Mitte Aug. Mo–Sa 10–17, 2. Aug.-Hälfte Mo–Fr 10–16 Uhr | je nach Saison 80–140 DKK, Kinder 3–10 Jahre 40–70 DKK, bis 2 Jahre frei | www.bornholmsmiddelaldercenter.dk*

MARKEDSDAGE SVANEKE
(123 E5) (*ℳ H5*)
Softeis schlecken, bunte Bonbons naschen und richtig Spaß haben! Jung und Alt trifft sich jeden Samstag in der Saison zu den Markttagen in Svaneke. Mit dem Planwagen geht es durch die Gassen des Städtchens und vorher holen sich die Pferde ihre Streicheleinheiten ab. Beim *hønselortelotto* spazieren Hühner über ein riesiges Bingofeld und es gibt tolle Preise zu gewinnen. Für Familien werden Aktionen wie das Schubkarrenrennen organisiert, bei dem ein Strohparcours überwunden werden muss. Dazu gibt es Livemusik und einen Trödelmarkt.

DER SÜDEN

SOMMERFUGLEPARK
(127 E3) (*ℳ H6*)
Dieses „Tropenland" am westlichen Stadtrand von Nexø wartet mit Papageien und anderen bunten Vögeln auf, vor allem aber mit *sommerfugle*, wie Schmetterlinge auf Dänisch heißen, in ungeahnter Vielfalt und in allen Stadien ihres Daseins. Mit Kiosk und Cafeteria. *Gamle Rønnevej 14b | Mai–Mitte Sept. tgl. 10–17 Uhr | 90 DKK, Kinder 4–12 Jahre 60 DKK, unter 4 Jahre frei | www.sommerfuglepar ken.dk*

DIE INSELMITTE

HARELØKKERNE

(125 F2) (*E5*)

Auf diesem Abenteuerspielplatz hört man trotz seiner Abgeschiedenheit fast immer Kinderstimmen: Vor allem die einheimischen Kindergärten nutzen das Freizeitgebiet mit Bolzplatz, Indianertipis aus Holz und Klettergerüsten eifrig als Ziel für Tagesausflüge. Die Betreuer grillen Hackfleisch für Hamburger über dem offenen Feuer, während die Kinder mit kleinen Keschern in den vielen Pfützen und Tümpeln des moorigen Gebiets nach Kaulquappen und Molchen fischen. Wer will, kann hier auch abenteuerlich übernachten: Es gibt eine behindertengerechte Toilette und zwei ● *shelters*, einfachste, niedrige Blockhütten. Sie bieten Platz für zwei Familien, die mit Isomatten und Schlafsäcken angereist sind. Der Naturspielplatz liegt am Segenvej, etwa 150 m südlich der Trabrennbahn.

NATUR BORNHOLM BEI AAKIRKEBY

(126 A3–4) (*E6–7*)

Die Natur und ihre Geschichte und ihr Bezug zu Bornholm werden spannend und mit viel Spaß erklärt und im doppelten Sinn begreifbar gemacht. Für Kinder ab ungefähr acht Jahren sehr empfehlenswert. *Grønningen 30 | April–Okt. tgl. 10–17 Uhr | 120 DKK, Kinder 3–11 Jahre 60 DKK, unter 3 Jahre frei | www.naturbornholm.dk*

WIKINGERHOF BEI AAKIRKEBY (126 A4) (*E7*)

Auf einem Bauernhof im Wikingerstil zeigen Lotte und Jacob Nielsen Einblicke ins Wikingerleben. Sie stellen Flechtwerk, Messer und Werkzeug her und im Sommer wirft Jacob den Blasebalg an und schmiedet nach Herzenslust. Gäste können mitmachen und am Wochenende Kurse belegen. Zu Pfingsten gibts einen großen Winkingermarkt. *Dalegaardsvej 2 (beim Automuseum) | Tel. 56 97 48 64 | www.123hjemmeside.dk/viking*

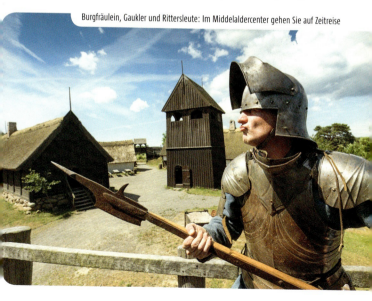

Burgfräulein, Gaukler und Rittersleute: Im Middeldercenter gehen Sie auf Zeitreise

EVENTS, FESTE & MEHR

→ S. 2/3

So vielfältig wie Bornholms Natur ist auch die Palette der Events. Ob anspruchsvoll und edel oder kräftig und deftig, jeder kommt auf seine Kosten.

VOLKSFESTE

Den ganzen Sommer über finden in fast allen Küstenorten sogenannte Hafenfeste statt, urige Jahrmärkte mit Kissenschlacht, Traktorfahrt auf dem Meer, Flohmarkt und Gesang; sehr dänisch, sehr lustig!

JUNI

Skt. Hans Aften: Zur Mittsommerzeit, am Abend vor St. Johanni, dem 24. Juni, lodern an vielen Stränden, vor Hotels und in noch mehr Privatgärten die Johannisfeuer. Dazu wird gesungen, getanzt und (nicht zu knapp) getrunken. Ein besonders schönes Feuer brennt in Hasle ab etwa 21 Uhr.

Das *Quellenfest* in Svaneke findet am Wochenende vom bzw. nach dem Johannistag statt, mit Buden, Musikzügen und dänischer Fröhlichkeit.

JULI

Die beste Stimmung herrscht jedes Jahr Ende Juli in Snogebæk, wo das *Hafenfest* am Sonntag um 23 Uhr mit dem schönsten Feuerwerk der Insel abschließt. Über Termine, Programm und Eintrittskosten informiert die Website *www.havnefest.dk.*
Sommerfest in Aakirkeby im Juli: Fußballturniere, Attraktionen für Jung und Alt und ein Abschlussball

EVENTS & FESTIVALS

JUNI

Kulinarisk Ø – Bornholms Madfestival: Da bringen sie nach dem Urlaub locker ein Kilo mehr auf die Waage, denn Ende Juni dreht sich hier alles ums Essen: Bauern, Fischer und Produzenten laden zum Probieren ein, Nahrung wird in freier Wildbahn gesammelt und dort zubereitet, Restaurants locken mit tollen Angeboten und im *Madkulturhuset Gaarden* in Gudhjem finden Workshops statt.
Sol over Gudhjem: Bei dem Kochwettbewerb Ende Juni treten die besten dänischen Köche gegeneinander an. Ein kulinarisches Volksfest!

JULI

Autoveteranenkorso Anfang Juli: Die Dänen lieben historische Vehikel; auf Bornholm rollen Dutzende Amischlitten aus Elvis' Zeiten, dazu ein paar Raritäten.

Feste feiern mit den Dänen: Anlässe zu feiern gibt es viele; am fröhlichsten geht es bei den Hafenfesten zu

Wenn sich diese Veteranen treffen, stoßen viele deutsche Freaks mit ihren blank geputzten Lieblingen dazu. Höhepunkt ist die Rallye am ersten Juliwochenende. Gestartet wird jedes Jahr in anderen Inselorten. *www.bornholmsmotorveteraner.dk*

MITTE JULI–ANFANG SEPTEMBER

Das ⭐ *Bornholms Musikfestival* ist die anspruchsvollste Konzertreihe des Jahres. Die Konzerte finden meist in Kirchen statt, die Atmosphäre ist daher besonders eindrucksvoll. Es treten namhafte Musiker aus ganz Europa auf. *www.bornholms-musikfestival.dk*

ENDE AUGUST/ANFANG SEPTEMBER

Einige junge Idealisten wollten 2008 etwas für die Jugendkultur tun und hoben das `INSIDER TIPP` ▶ *Wonderfestiwall* aus der Taufe, ein dreitägiges Open-Air-Festival mit innovativer Rockmusik. Die Kulisse ist einmalig: Die Bühne steht unterhalb der Ruine Hammershus. *www.wonderfestiwall.dk*

MITTE SEPTEMBER

Musik, Theater, Kino und Workshops für angehende Künstler auf der *Bornholmer Kulturwoche* – vielseitig und sehr experimentierfreudig. *www.bornholmskulturuge.dk*

FEIERTAGE

1. Jan.	Neujahr
März/April	Gründonnerstag, Karfreitag und Ostermontag
4. Fr nach Ostern	Großer Bettag
Mai/Juni	Christi Himmelfahrt, Pfingsten
5. Juni	Verfassungstag (bis mittags wird gearbeitet)
25./26. Dez.	Weihnachten

Der 1. Mai ist offiziell nicht arbeitsfrei, aber viele Geschäfte schließen ab mittags.

LINKS, BLOGS, APPS & CO.

LINKS & BLOGS

www.acab.dk Dutzende von Kunsthandwerkern empfangen gerne Besuch in ihren häufig abgelegenen Ateliers und Werkstätten, die über die Insel verstreut sind. Nur: wie sie finden? Diese Website bietet nicht nur Fotos der Produkte und Biografien, sondern auch Kartenskizzen, wo sie leben und arbeiten

www.bornholmlinks.blogspot.de Zwar ist die Website auf Dänisch, doch enthält sie eine Sammlung praktisch sämtlicher Links, die Sie für einen Bornholmurlaub brauchen, u. a. zu Restaurants, Camping, Inselneuigkeiten und Sport

www.kulturarv.dk/1001fortaellinger „1001 Geschichten über Dänemark" ist eine interaktive Website, auf der Hunderte Kulturexperten und Lokalhistoriker ihr Wissen zur Verfügung stellen. Benutzer können diese Geschichten mit eigenen Fotos und Kommentaren ergänzen. Text- und Audiodateien in Dänisch und Englisch

www.bornholmmylove.com Eine ehemalige PR-Beraterin wandert mit ihrer Familie nach Bornholm aus und erzählt auf ihrem Blog vom Inselleben

www.bornholm.de/bornholmforum Ist Bornholm zu teuer geworden? Warum nervt der Truppenübungsplatz bei Boderne? Ist Dänemark wirklich kinderfreundlich? Wen solche Fragen interessieren, der klickt sich hier rein

www.marcopolo.de/bornholm Ihr Online-Reiseführer mit allen wichtigen Informationen, Highlights und Tipps, interaktivem Routenplaner, spannenden News und Reportagen sowie inspirierenden Fotogalerien

APPS

Sound of Bornholm Sehr originelle App, die Geräusche aus der Natur Bornholms präsentiert: Audiosequenzen aus dem Wald im Inselinnern, von der sandigen Südküste und der Felsküste im Norden, zahlreiche Vogelstimmen …

Egal, ob für Ihre Reisevorbereitung oder vor Ort: Diese Adressen bereichern Ihren Urlaub. Da manche sehr lang sind, führt Sie der short.travel-Code direkt auf die beschriebenen Websites. Falls bei der Eingabe der Codes eine Fehlermeldung erscheint, könnte das an Ihren Einstellungen zum anonymen Surfen liegen

APPS

Rønne Historical Guide Die App führt Besucher zu den historischen Stätten und Gebäuden in und um Rønne

Bornholm Die App der Tourismuszentrale Bornholm bietet u. a. Informationen zu Bornholms Sehenswürdigkeiten, einen Eventkalender, Karten und Themenseiten wie Gourmeterlebnisse oder Outdoor-Aktivitäten

Open2day.dk Die App informiert über Öffnungszeiten und Events aller denkbaren Branchen in ganz Dänemark

Dänemark – Visit Denmark Die kostenlose App von Dänemarks Tourismuszentrale bietet u. a. einen Sprachführer mit den gängigsten Begriffen, die auf Dänisch und Deutsch vorgelesen werden. Auch der Währungsrechner ist immer wieder nützlich

VIDEOS & MUSIK

www.tv2bornholm.dk Leider nur auf Dänisch, jedoch stets aktuell und sehr inselspezifisch sind die Informationen und Videos auf der Website des regionalen Fernsehens in Bornholm

novafmbornholm.radio.de Radio Nova Bornholm sendet über den Livestream direkt in Ihr Wohnzimmer. Auch die App fürs Smartphone kann man downloaden. Gesendet werden Talkrunden, Wetterberichte und die aktuellsten Neuigkeiten von der Insel sowie dänische und internationale Songs. Dazu gibt es Gewinnspiele und Zuschauerumfragen

www.dr.dk/radio/p4bornholm Der lokale Radiosender versorgt seine Hörer rund um die Uhr mit den neuesten Inselnachrichten, Veranstaltungstipps und guter Musik

short.travel/bor6 Der Youtube-Kanal von Destination Bornholm versammelt viele interessante Videobeiträge rund um die Insel

www.bornholm.tv Im Urlaub sind Sonnenuntergänge Pflicht. Über diese Webcam haben Sie Gelegenheit, sich bereits vorab einzustimmen: Sie steht in Vang und blickt übers Wasser nach Westen

PRAKTISCHE HINWEISE

 Es gibt drei ganzjährige Fährverbindungen nach Bornholm, die seit Herbst 2018 alle von der dänischen Reederei Molslinjen betrieben werden. Die von Deutschland aus schnellste Verbindung führt von Sassnitz auf Rügen nach Rønne (Fahrzeit knapp dreieinhalb Stunden). Die vielleicht schönste Verbindung führt vom dänischen Køge bei Kopenhagen nach Rønne (Fahrzeit fünfeinhalb Stunden). Bei der Nachtfahrt haben Sie die Möglichkeit, zusätzlich eine Kabine zu buchen. Vom schwedischen Ystad gelangen Sie mit der Schnellfähre in knapp anderthalb Stunden nach Rønne. Die Preise sind je nach Route, Saison und Wochentag sehr stark gestaffelt, alle drei Strecken sind unter dem neuen Betreiber aber erheblich preiswerter geworden. Für einen PKW mit bis zu fünf Personen zahlt man von Rügen nach Rønne zwischen 70 und 160 Euro pro Strecke. *www.bornholmslinjen.de*

Ab dem polnischen Kolberg fährt von April bis Oktober mehrmals pro Monat eine Personenfähre *(www.kzp.kolobrzeg.pl)* in viereinhalb Stunden für gut 30 Euro pro Person und Strecke nach Nexø. Ab Swinemünde auf der polnischen Seite von Usedom geht es ins schwedische Ystad mit Fähranschluss nach Rønne, für einen PKW mit bis zu fünf Personen zahlt man je nach Saison ab ca. 330 Euro. *www.bornpol.dk*

Die Fernbuslinie 866 *(ca. 36 Euro | www.graahundbus.dk)* verbindet Kopenhagen in 90 Minuten mit dem Fährhafen Ystad.

Die dänische Gesellschaft DAT *(www.dat.dk)* fliegt mehrmals täglich in 35 Minuten nach Kopenhagen. Von Mitte Juni bis Ende August gibt es viermal wöchentlich eine Verbindung nach Billund 130 km nördlich von Flensburg.

GRÜN & FAIR REISEN

Auf Reisen können auch Sie viel bewirken. Behalten Sie nicht nur die CO_2-Bilanz für Hin- und Rückreise im Hinterkopf *(www.atmosfair.de; de.myclimate.org)* – etwa indem Sie Ihre Route umweltgerecht planen *(www.routerank.com)* – , sondern achten Sie auch Natur und Kultur im Reiseland *(www.gate-tourismus. de; www.ecotrans.de)*. Gerade als Tourist ist es wichtig, auf Aspekte wie Naturschutz *(www.nabu.de; www. wwf.de)*, regionale Produkte, wenig Autofahren, Wassersparen und vieles mehr zu achten. Wenn Sie mehr über ökologischen Tourismus erfahren wollen: europaweit *www.oete.de*; weltweit *www.germanwatch.org*

VISIT DENMARK
Glockengießerwall 2 | 20095 Hamburg | Tel. (*) 01805 326463 | www.visitdenmark.com

INTERNET
Die Website des Tourismusverbands *bornholm.info* bietet vielseitige Informationen u. a. zu Sport, Kunst, Verkehr und Unterkunft. *www.bornholm.net* hat ein

ähnliches Angebot, ist aber kommerzieller gestaltet. *www.bornholmsmuseum.dk* bietet auf Dänisch einen guten Überblick über das Angebot an Museen und deren Aktivitäten. *www.tyskland.um.dk* informiert ausführlich und übersichtlich auf Deutsch über Politik, Wirtschaft, Soziales und vieles mehr.

AUTO

Die Höchstgeschwindigkeit in Dänemark liegt außerorts bei 80 km/h auf Landstraßen, auf der Autobahn bei 130 km/h, in Ortschaften bei 50 km/h. Das Abblendlicht muss rund um die Uhr eingeschaltet werden (bei Anreise über Ystad: Das gilt auch in Schweden!). Die Promillegrenze liegt bei 0,5. Falck heißt der (private) Pannendienst in Dänemark; er unterhält eine Station in Rønne *(Tel. 70 10 20 30)*.

DIPLOMATISCHE VERTRETUNG

Deutscher Honorarkonsul auf Bornholm ist Peter Vesløv: *c/o Beck Pack Systems A/S | Sandemandsvej 6 | Rønne | Tel. 56 95 25 22*

FAHRRÄDER

In nahezu allen Küstenorten und in Aakirkeby finden Sie Fahrradvermietungen. Auch zahlreiche Hotels, Ferienzentren und Campingplätze verleihen Räder. Faustregel für die Kosten: pro Tag ab etwa 10 Euro, pro Woche ab 30 Euro. Mountainbikes, E-Bikes und Tandems (sie werden immer beliebter) sind teurer. Wenn Sie mehrere Räder auf einmal und für einen längeren Zeitraum ausleihen,

werden Sie erfolgreich nach einigen Gratisextras wie etwa Körben für den Gepäckträger oder Kindersitzen fragen können. Besorgen Sie sich unbedingt – z. B. im Velkomstcenter in Rønne – die hervorragend gemachte Broschüre „Velkommen til vores Cykelø" mit Tourenvor-

WÄHRUNGSRECHNER

€	DKK	DKK	€
1	7,46	10	1,34
2	14,92	20	2,68
3	22,38	25	3,35
4	29,84	30	4,02
5	37,30	40	5,36
7	52,22	50	6,70
8	59,68	70	9,39
9	67,14	80	10,72
12	89,53	90	12,06

schlägen (gute Karten!) und vielen weiteren nützlichen Informationen.

GELD & KREDITKARTEN

In allen größeren Orten stehen Geldautomaten zur Verfügung. Kreditkarten sind weit verbreitet, ebenso ec-Karten. Wer Bargeld auf Bornholm umtauscht, bekommt einen etwas besseren Kurs als zu Hause.

GESUNDHEIT

Ärzte, Zahnärzte und das Krankenhaus in Rønne haben ein hohes Niveau. Den ärztlichen Notdienst erreichen Sie unter *Tel. 18 13*, das *Hospital* in Rønne *(Ullasvej 8)* unter *Tel. 38 67 00 00*.

INTERNETZUGANG & WLAN

Internetcafés gibt es auf Bornholm nicht mehr. Das liegt daran, dass immer mehr Unterkünfte kostenlos oder gegen geringe Gebühr eine WLAN-Verbindung anbieten. Bei den großen Anbietern sind inzwischen mehr als die Hälfte aller Unterkünfte mit Internetzugang ausgestattet. Auch Campingplätze und Hotels bieten ihren Gästen eine kostenlose Internetnutzung an. Bei den Zugängen handelt es sich meist um eine drahtlose Verbindung, die ohne größeren Aufwand mit Tablet, PC oder Smartphone genutzt werden kann. Im Velkomstcenter Rønne stehen vier kostenlose Computer mit Internetanschluss zur Verfügung. Auch die WLAN-Verbindung kann kostenlos genutzt werden.

NOTRUF

– Feuerwehr, Krankenwagen und Umweltwacht *Tel. 112*
– Polizei *Tel. 114*

ÖFFENTLICHE VERKEHRSMITTEL

Die BAT-Busse verbinden regelmäßig alle größeren Orte der Insel. Ideal für Ausflügler: Die Busse nehmen auch bis zu vier Fahrräder mit. Auf der Website *www.bat.dk* finden Sie alle wichtigen Informationen, die Routen werden angezeigt, Fahrpläne lassen sich herunterladen. Die Website ist ärgerlicherweise nur auf Dänisch verfügbar; aber sie ist so gut gestaltet, dass man sich auf ihr auch ohne Dänischkenntnisse zurechtfindet.

WETTER AUF BORNHOLM

	Jan.	Feb.	März	April	Mai	Juni	Juli	Aug.	Sept.	Okt.	Nov.	Dez.
Tagestemperaturen in °C	2	2	4	8	14	19	20	20	17	12	8	5
Nachttemperaturen in °C	-1	-2	-1	3	6	11	15	15	12	8	4	1
☀	1	2	4	6	9	10	8	7	6	3	1	1
☂	11	9	7	7	7	7	8	8	9	10	11	11
〰	3	2	3	4	7	12	16	17	15	12	8	6

ÖFFNUNGSZEITEN

Die meisten Geschäfte haben montags bis donnerstags von 9.30 Uhr bis 17.30 Uhr geöffnet, freitags bis 18 und samstags bis 13 Uhr. Sonntags sind die Läden normalerweise geschlossen. Viele Supermärkte haben aber auch sonntags geöffnet. Die meisten Restaurants haben schon um 21 Uhr, in der Hauptsaison gegen 22 Uhr Küchenschluss.

POST

Ein Postamt gibt es nur in Rønne. Briefmarken bekommen Sie aber auch im Supermarkt. Das Porto für Postkarte oder Brief nach Deutschland betrug bei Redaktionsschluss 27 DKK. Briefkästen findet man in allen Orten und Ferienhausgebieten.

PREISE & WÄHRUNG

Das Preisniveau in Dänemark ist etwas höher als das in Deutschland. Offizielles Zahlungsmittel ist die Dänische Krone (DKK).

TELEFON & HANDY

Die Vorwahl für Dänemark ist 0045, innerhalb Dänemarks gibt es keine Ortsvorwahlen. Aus Dänemark nach Deutschland: 0049, nach Österreich 0043, in die Schweiz 0041. Karten für Kartentelefone gibt es ab 25 DKK in Kiosken und *turistbureaus*. Der Handyempfang ist überall gut. Man kauft am besten ein Startpaket (etwa 100 DKK), dafür bekommt man eine Simkarte und Sprechzeit für 100 DKK. Zum Nachladen kauft man Karten mit *taletid* (Sprechzeit) für 50, 100 oder 200 DKK. Zur Aktivierung die Nummer wählen, die auf der Karte angegeben ist, dann den Code von der Karte eingeben.

UNTERKUNFT

Auf Bornholm dominieren Ferienhäuser. Aber wer sich sein Frühstück gern am Buffet abholen oder servieren oder sich auch sonst lieber verwöhnen lassen mag, findet genügend Hotels und Pensionen, die meisten davon im Norden. Generell gilt: Den ganz großen Komfort sucht man auf Bornholm vergeblich, selbst viele

WAS KOSTET WIE VIEL?

Bus	8,90 Euro	*für eine einfache Fahrt Svaneke–Allinge*
Hering	6 Euro	*für einen bornholmer*
Bier	ab 1,50 Euro	*pro Flasche im Supermarkt*
Eis	um 3,50 Euro	*für ein Softeis*
Benzin	um 1,60 Euro	*für 1 l Super*
Souvenir	ab 20 Euro	*für eine Keramikschale*

Häuser mit gutem Ruf haben dringenden Renovierungsbedarf. Deutsche Stammgäste zieht es aber ohnehin eher in die familiär geführten Pensionen an der Nordostküste oder in die Ferienhäuser im Süden und rund um Hasle.

ZOLL

Waren für den persönlichen Bedarf dürfen Sie bei Reisen innerhalb der EU unbegrenzt ein- und ausführen. Richtwerte hierfür sind u. a. 10 l Spirituosen und 110 l Bier. Raucher dürfen sich mit bis zu 800 Zigaretten oder 1 kg Tabak eindecken.

SPRACHFÜHRER DÄNISCH

AUSSPRACHE

Der Akzent (') am Ende der Lautschrift steht für eine kurze Betonung (im Gegensatz zu einem langen Vokal). Im Auslaut gibt es kein hartes D, nur ein weiches, entfernt verwandt mit dem englischen „th".

AUF EINEN BLICK

ja/nein/vielleicht	ja/nej/måske [ja/nai/moßke']
bitte/danke	værsgod/tak [wärßgo/tak]
Entschuldige!	Undskyld! [Unnßküll]
Darf ich ...?	Må jeg ...? [Moh jai ...]
Wie bitte?	Undskyld?/Hvad? [Unnßküll/Wä']
Ich möchte .../Haben Sie ...?	Jeg vil gerne .../Har du ...? [Jai will gerne .../Har du ...]
Wie viel kostet ...?	Hvad koster ...? [Wä' koßter]
Das gefällt mir (nicht).	Det kan jeg (ikke) lide. [Det känn jai igge li']
gut/schlecht	godt/dårligt [gott/dorlitt]
zu viel/viel/wenig	for meget/meget/lidt [for majet/majet/litt]
Hilfe!/Vorsicht!	Hjælp!/Pas på! [Hjälp/Päß po]
Krankenwagen	sygevogn [ßüjewohn]
Polizei/Feuerwehr	politi/brandvæsen [politi/brannwäßen]
Verbot/verboten	forbud/forbudt [forbuhd/forbutt]
Gefahr/gefährlich	fare/farligt [faare/faarlit]
Darf ich Sie/hier fotografieren?	Må jeg tage et billede af dig/her? [Mo jai tä' et billed ä' dei/her]

BEGRÜSSUNG & ABSCHIED

Gute(n) Morgen!/Tag!/Abend!/Nacht!	God morgen!/dag!/aften!/nat! [Goh morgen/dä'/aften/nätt]
Hallo!/Auf Wiedersehen!	Hej!/Farvel! [Hai!Farwell!]
Tschüss!	Hej hej! [Hai hai!]
Ich heiße ...	Jeg hedder ... [Jai hidder ...]
Wie heißen Sie?	Hvad hedder De? [Wä' hidder Di]
Wie heißt du?	Hvad hedder du? [Wä' hidder du]
Ich komme aus ...	Jeg kommer fra ... [Jai kommer fra ...]

Taler du dansk?

„Sprichst Du Dänisch?" Dieser Sprachführer hilft Ihnen, die wichtigsten Wörter und Sätze auf Dänisch zu sagen

DATUMS- & ZEITANGABEN

Montag/Dienstag	mandag/tirsdag [männdä'/tirßdä']
Mittwoch/Donnerstag	onsdag/torsdag [ohnßdä'/tohrßdä']
Freitag/Samstag	fredag/lørdag [frehdä'/löhrdä']
Sonntag/Werktag	søndag/hverdag [ßönndä'/währdä']
Feiertag	helligdag [hellidä']
heute/morgen/gestern	idag/imorgen/igår [idäh/imor'en/igohr]
Stunde/Minute	time/minute [tihme/minut']
Tag/Nacht/Woche	dag/nat/uge [däh/nätt/uhe]
Monat/Jahr	måned/år [mohned/ohr]
Wie viel Uhr ist es?	Hvad er klokken? [Wä' är kloggen]

UNTERWEGS

offen/geschlossen	åben/lukket [oben/lugged]
Eingang/Einfahrt	indgang/indfart [inngang/innfahrt]
Ausgang/Ausfahrt	udgang/udfart [uhdgang/uhdfahrt]
Abfahrt/Ankunft	afgang/ankomst [augang/ännkomßt]
Toiletten/Damen/Herren	toiletter/Damer/Herrer [toiletter/Dämer/Herrer]
Wo ist ...? / Wo sind ...?	Hvor ligger ....?/Hvor er ...? [Wohr ligger .../Wohr ähr ...]
links/rechts	venstre/højre [wännßtre/heure]
geradeaus/zurück	lige ud/tilbage [lihe uhd/tillbähe]
nah/weit	tæt på/langt [tätt poh/langt]
Bus/Straßenbahn	bus/sporvogn [buß/ßpohrwouhn]
U-Bahn/Taxi	metro/taxi [metro/taxi]
Parkplatz/Parkhaus	parkeringsplads/parkeringshus [parkeringßpläß/parkeringßhuhß]
Stadtplan/(Land-)Karte	kort over byen/(land-)kort [kohrt o'er büen/(länn-)kohrt]
Bahnhof/Hafen	station/havn [stäßion/haun]
Flughafen	lufthavn [lufthaun]
Zug/Gleis	tog/spor [tou'/ßpohr]
Fähre/Brücke	færge/bro [fährue/broh]
Fährticket/Brückenmaut	færgebillet/bropenge [fähruebillett/brohpenge]
Ich möchte ... mieten.	Jeg vil gerne leje ... [Jai will gerne laie ...]
ein Auto/ein Fahrrad	en bil/en cykel [een bihl/en ßüggel]
ein Boot	en båd [een bohd]
Tankstelle	tankstation [tankßtäßion]
Benzin/Diesel	Benzin/Diesel [Benßin/Dießel]

115

ESSEN & TRINKEN

Die Speisekarte, bitte.	Spisekortet, tak. [ßpihßekortet, takk]
Könnte ich bitte ... haben?	Jeg vil gerne have ... [Jai will gerne hä'...]
eine Flasche/eine Karaffe/ein Glas	en flaske/en karaffe/et glas [een fläßke/een karaffe/eet gläß]
Messer/Gabel/Löffel	kniv/gaffel/ske [kniw/gaffel/ßkeh]
Salz/Pfeffer/Zucker	salt/peber/sukker [ßällt/peber/ßukker]
Essig/Öl	eddike/olie [eddigge/ohlie]
Milch/Sahne/Zitrone	mælk/fløde/citron [mälk/flöhde/ßitrohn]
mit/ohne Eis/Kohlensäure	med/uden is/brus [mehd/uhden ihß/bruhß]
Vegetarier(in)/Allergie gegen ...	vegetar/har allergi mod ... [vegetarier/har allergie mohd ...]
Ich möchte zahlen, bitte.	Jeg vil gerne betale. [Jai will gerne betäle]
Rechnung/Quittung	regning/kvittering [raining/quittering]

EINKAUFEN

Wo finde ich ...?	Hvor finder jeg ...? [wohr finner jai ...]
Ich möchte .../Ich suche ...	Jeg vil gerne .../ Jeg skal finde ... [jai will gerne .../jai ßkäll finne ...]
Brennen Sie Fotos auf CD?	Kan du brænde fotos på CD? [Känn du branne fotoß poh CD]
Apotheke/Drogerie	apotek/Matas [äpothek/mätäß]
Bäckerei/Markt	bageri/grøntorv [bäeri/grönntorr]
Supermarkt	supermarked [ßupermarked]
teuer/billig/Preis	dyr/billig/pris [dühr/billi'/prihß]
mehr/weniger	mere/mindre [mehr/minndre]
aus biologischem Anbau	fra økologisk landbrug [fra ökolohißk lännbruh]

ÜBERNACHTEN

Ich habe ein Zimmer reserviert.	Jeg har bestilt et værelse. [Jai har beßtillt eet vährelße]
Haben Sie noch ...?	Har du ... endnu? [Har du ... ennnuh]
Einzelzimmer	enkeltværelse [enkeltvährelße]
Doppelzimmer	dobbeltværelse [dobbeltvährelße]
Frühstück/Halbpension	morgenmad/halvpension [morrenmähd/hällpenßion]
Vollpension	helpension [hehlpenßion]
Dusche/Bad	brusebad/badeværelse [bruhßebähd/bädevährelße]
Balkon/Terrasse	altan/terrasse [ältähn/terraße]
Schlüssel/Zimmerkarte	nøgle/kort til værelset [neujle/kohrt till vährelßet]

BANKEN & GELD

Bank/Geldautomat	bank/pengeautomat [bank/penngeautomäht]
Geheimzahl	pinkode [pinnkohde]
bar/ec-Karte/Kreditkarte	kontant/EC-kort/kreditkort [kontänn/EC-kohrt/kreditkohrt]
Wechselgeld	returpenge [retuhrpännge]

GESUNDHEIT

Arzt/Zahnarzt/Kinderarzt	læge/tandlæge/børnelæge [lähe/tännlähe/börnelähe]
Krankenhaus/Notfallpraxis	sygehus/lægevagten [bühehuuß/lähewagten]
Fieber/Schmerzen	feber/smerter [feber/ßmerter]
Durchfall/Übelkeit	diarre/kvalme [diarre/kvalme]
entzündet/verletzt	betændt/såret [betännt/ßohret]

TELEKOMMUNIKATION & MEDIEN

Briefmarke/Brief	frimærke/brev [frihmärke/brehw]
Postkarte	postkort [poßtkohrt]
Ich suche eine Prepaidkarte für mein Handy.	Jeg vil gerne have et prepaid kort til min mobiltelefon. [Jai will gerne hä' eet pripäid kohrt till mihn mobiltelefon]
Wo finde ich einen Internetzugang?	Hvor er der adgang til internettet? [wohr är der ädgang till internettet]
At-Zeichen („Klammeraffe")	snabel-a [ßnäbel ä]

ZAHLEN

0	nul [null]	14	fjorten [fjohrten]
1	en/et [een/eet]	15	femten [femmten]
2	to [toh]	16	seksten [ßajhßten]
3	tre [treh]	17	sytten [ßütten]
4	fire [fihr]	18	atten [ätten]
5	fem [fämm]	19	nitten [nitten]
6	seks [ßex]	20	tyve [tühwe]
7	syv [ßüh]	50	halvtreds [hälltreß]
8	otte [ohde]	100	hundrede [hunnred]
9	ni [ni]	200	tohundrede [tohunnred]
10	ti [ti]	1000	tusind [tuhßinn]
11	elleve [ellwe]	10000	titusind [tituhßinn]
12	tolv [toll]	½	halv [häll]
13	tretten [tratten]	¼	kvart [quart]

REISEATLAS

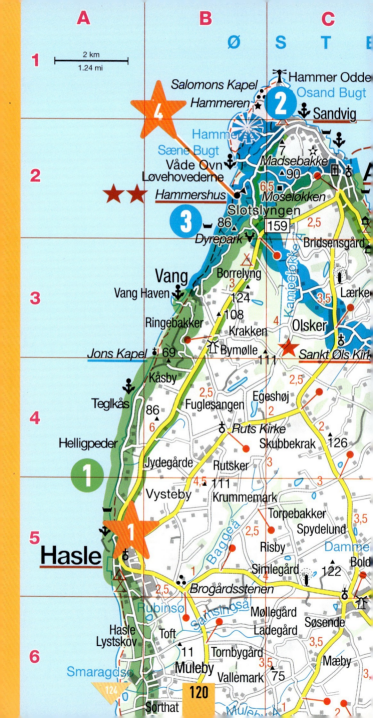

Øste

1 2 km
1.24 mi

Salomons Kapel Hammer Odde
Hammeren Osand Bugt
2 Sandvig

Hammer
Sæne Bugt
Madsebakke
Våde Ovn
Løvehovederne △90
★ ★ *Hammershus* Moseløkken
3 86 Slotslyngen
△ 159 2,5
Dyrepark Bridsensgård

Borrelyng
Vang 3
Vang Haven 124
△108 Lærke
Ringebakker Krakken 3,5
4 Olsker
Jons Kapel 69 Bymølle
111 Sankt Øls Kirk

Kåsby 2,5
Teglkås 2,5 Egeshøj
86 Fuglesangen 2
6 2
Ruts Kirke 2
Helligpeder Skubbekrak △126
1 3
Jydegårde Rutsker
4,5 111 3
Vysteby Krummemark

Torpebakker 3,5
Spydelund
1 Risby Damme
Hasle Simlegård △122 Bold

Brogårdsstenen
2,5
Rubinsø Møllegård
Toft Ladegård Søsende
Hasle 3,5
Lystskov 11 Tornbygård 3,5 Mæby
6 124 Muleby 75
Vallemark
Smaragdsø **120**
Sorthat
Mule

A **B** **C**

1 2 km
1.24 mi

Ø S T E R S Ø E N

Christian

2

Sorteodde

Lindeskov

Salene Bugt

Salne

7

Bøgeskoven 78 2,5

1,5 **Gudhjem**

1,5 Melsted

3,5

Bobbeå

3 Lensgård

119

Osterlarsker 3

Plantage Kobbegård 5,5

Himmerrigsport

4,5

Elleskov Middelaldercenter Gamlevælde Saltuna

Kobbeå

4 116 Østerlars Kirke Krækket 3 Rand

Kelseby 158

1,5 Kelse Å

nsmark 1,5 Risen Randkløv

Spageå Risen 106

3,5 Østerlars 5

Gildesbo Risen Ypna

4,5 123 Glappe Staggehus

avsdal 124 118 Skrulle 3,5 Kirkeby Stampe

Studeby Østermarie 3,5

5 Gammel- Åløse Præstegaden Louisenlu

mose 3,5 Runesten Lindet

4,5 Gyldenså

A l m i n d i n g e n Elleby

13 0 109

3,5 Bastemose

2

123 Travbane Myrene

Lilleborg 5,5

Gamleborg 127

6 120 6 119 Dalsl

Svinemose Ølene

Vallensgård 126 **122** Østermarie

Huse

D   **E**   **F**

1

Tat

Ertholmene

Græsholm

Allinge

★ 6

Frederiksø   Christiansø

2

Gudhjem

ORNHOLM

3

e Skår

4

edikestolen

Bølshavn

1

Listed   Svaneke
Stubmølle

Kuremølle

4,5

Vasea

★ 8

⚓ **Svaneke**

Brændesmark

48

Brændegårdshaven

Hullehavn

5

★ 14

Frenne
Odde

3,5
Frennegård

Grisby

Sanct Ibs Kirke

Frenne Red

6

3

ård

Ibsker

★ 10

⚓ Årsdale

Paradisgårde   Tingfogedgård   **123**

*Årsdale
Mølle*

4

127

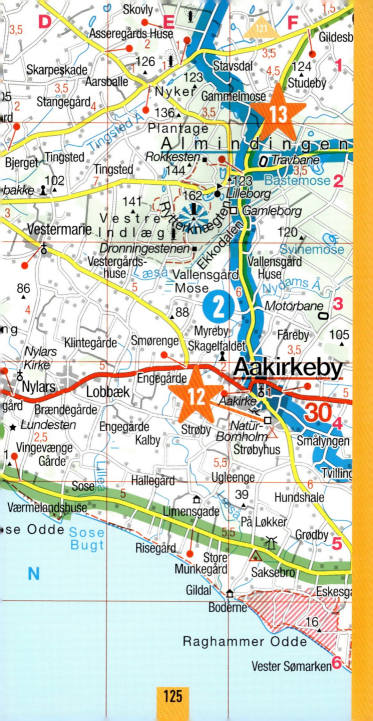

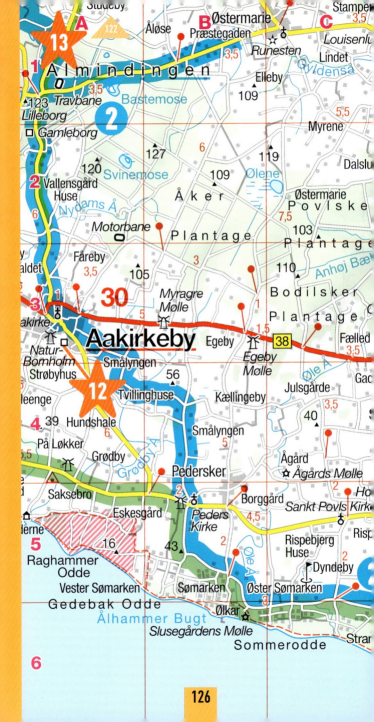

Studeby

A 13 **A** 122

Åløse

B Østermarie
Præstegaden
3,5
Runesten

C Stamper 3,5
Louisenlu
Lindet

1 Almindingen

Elleby
109

123 Travbane 3,5
Lilleborg

2

Myrene

5,5

Gamleborg

127

Svinemose

119

Dalslu

2 Vallensgård
Huse

120

109

Olene

Østermarie
Povlske
7,5

Åker

6

Nydams Å

Motorbane

Plantage

103

Plantage

Fåreby
3,5
aldet

105

3

110

Anhøj Bæl

Myragre
Mølle

30

3 akirke

5

1

Aakirkeby

Egeby 1,5 38

Bodilsker
Plantage
Fælled
3,5

Natur-
Bornholm
Strøbyhus
eenge

12

Smålyngen

56

Tvillinghuse

Egeby
Mølle

Gac

Kællingeby

Julsgårde
3,5

4 39 Hundshale
6

På Løkker

Grødby

Smålyngen
5

Pedersker

40

Ågård
☆ Ågårds Mølle

Saksebro

Eskesgård

Peders
Kirke

Borggård
4,5

Sankt Povls Kirk

Ho

5 Raghammer
Odde

16

43

2

 Øle Å

Rispebjerg
Huse

Risp

2

Vester Sømarken

Dyndeby

Gedebak Odde

Sømarken

Øster Sømarken
3

Ålhammer Bugt
Slusegårdens Mølle

Ølkar

Strar

Sommerodde

6

KARTENLEGENDE

Autobahn · Gebührenpflichtige Anschlussstelle · Gebührenstelle · Anschlussstelle mit Nummer · Rasthaus mit Übernachtung · Raststätte · Kleinraststätte · Tankstelle · Parkplatz mit und ohne WC	Trento ⑪	Motorway · Toll junction · Toll station · Junction with number · Motel · Restaurant · Snackbar · Filling-station · Parking place with and without WC
Autobahn in Bau und geplant mit Datum der voraussichtlichen Verkehrsübergabe	Datum Date	Motorway under construction and projected with expected date of opening
Zweibahnige Straße (4-spurig)		Dual carriageway (4 lanes)
Fernverkehrsstraße · Straßennummern	14 E45	Trunk road · Road numbers
Wichtige Hauptstraße		Important main road
Hauptstraße · Tunnel · Brücke		Main road · Tunnel · Bridge
Nebenstraßen		Minor roads
Fahrweg · Fußweg		Track · Footpath
Wanderweg (Auswahl)		Tourist footpath (selection)
Eisenbahn mit Fernverkehr		Main line railway
Zahnradbahn, Standseilbahn		Rack-railway, funicular
Kabinenschwebebahn · Sessellift		Aerial cableway · Chair-lift
Autofähre · Personenfähre		Car ferry · Passenger ferry
Schifffahrtslinie		Shipping route
Naturschutzgebiet · Sperrgebiet		Nature reserve · Prohibited area
Nationalpark · Naturpark · Wald		National park · natural park · Forest
Straße für Kfz. gesperrt	✕✕✕✕	Road closed to motor vehicles
Straße mit Gebühr		Toll road
Straße mit Wintersperre	XII-II	Road closed in winter
Straße für Wohnanhänger gesperrt bzw. nicht empfehlenswert		Road closed or not recommended for caravans
Touristenstraße · Pass	Weinstraße ∧1510	Tourist route · Pass
Schöner Ausblick · Rundblick · Landschaftlich bes. schöne Strecke		Scenic view · Panoramic view · Route with beautiful scenery
Heilbad · Schwimmbad	⚓ —	Spa · Swimming pool
Jugendherberge · Campingplatz	△ △ ▲	Youth hostel · Camping site
Golfplatz · Sprungschanze		Golf-course · Ski jump
Kirche im Ort, freistehend · Kapelle	♦ ♦	Church · Chapel
Kloster · Klosterruine		Monastery · Monastery ruin
Synagoge · Moschee	✡ ☪	Synagogue · Mosque
Schloss, Burg · Schloss-, Burgruine		Palace, castle · Ruin
Turm · Funk-, Fernsehturm	⌶ ⍿	Tower · Radio-, TV-tower
Leuchtturm · Kraftwerk		Lighthouse · Power station
Wasserfall · Schleuse		Waterfall · Lock
Bauwerk · Marktplatz, Areal	▪ ▫	Important building · Market place, area
Ausgrabungs- u. Ruinenstätte · Bergwerk	∴ ✕	Arch. excavation, ruins · Mine
Dolmen · Menhir · Nuraghen	⌂ ∩	Dolmen · Menhir · Nuraghe
Hünen-, Hügelgrab · Soldatenfriedhof	☆ ⊞	Cairn · Military cemetery
Hotel, Gasthaus, Berghütte · Höhle	⌂ ∩	Hotel, inn, refuge · Cave

Kultur		**Culture**
Malerisches Ortsbild · Ortshöhe	WIEN (171)	Picturesque town · Elevation
Eine Reise wert	★★ MILANO	Worth a journey
Lohnt einen Umweg	★ TEMPLIN	Worth a detour
Sehenswert	Andermatt	Worth seeing

Landschaft		**Landscape**
Eine Reise wert	★★ Las Cañadas	Worth a journey
Lohnt einen Umweg	★ Texel	Worth a detour
Sehenswert	Dikti	Worth seeing

MARCO POLO Erlebnistour 1		**MARCO POLO Discovery Tour 1**
MARCO POLO Erlebnistouren		**MARCO POLO Discovery Tours**
MARCO POLO Highlight	1	**MARCO POLO Highlight**

FÜR IHRE NÄCHSTE REISE ...

ALLE **MARCO POLO** REISEFÜHRER

REGISTER

Im Register finden Sie alle in diesem Reiseführer erwähnten Orte und Ausflugsziele. Gefettete Seitenzahlen verweisen auf den Haupteintrag.

SCHREIBEN SIE UNS!

Egal, was Ihnen Tolles im Urlaub begegnet oder Ihnen auf der Seele brennt, lassen Sie es uns wissen! Ob Lob, Kritik oder Ihr ganz persönlicher Tipp – die MARCO POLO Redaktion freut sich auf Ihre Infos.
Wir setzen alles dran, Ihnen möglichst aktuelle Informationen mit auf die Reise zu geben. Dennoch schleichen sich manchmal Fehler ein – trotz gründlicher Recherche unserer Autoren/innen. Sie haben sicherlich Verständnis, dass der Verlag dafür keine Haftung übernehmen kann.

MARCO POLO Redaktion
MAIRDUMONT
Postfach 31 51
73751 Ostfildern
info@marcopolo.de

IMPRESSUM
Titelbild: Strand bei Hasle (Look: K. Wothe)
Fotos: DuMont Bildarchiv: Schröder (31); Getty Images: S. Stafford (18 o.), stevecoleimages (18 u.), t-lorien (18 M.); Getty Images/UK Press: M. Cuthbert (22/23); Getty Images/Westend61 (3); U. Haafke (34); huber-images: R. Schmid (14/15, 28 r., 37); Laif: M. Amme (30/31), G. Hänel (Klappe l., 10, 11, 29, 45, 58, 63, 64, 80, 105, 106, 106/107), D. Schmid (41); Look: H. Dressler (102/103), T. Rötting (2, 4 u., 6, 12/13, 17, 20/21, 48, 55, 56/57, 61, 66/67, 68, 76/77, 92/93, 94, 101, 108 u., 109), K. Wothe (1 o., 4 o., 7, 46/47, 86/87, 98/99); mauritius images: T. Ebelt (51), P. Widmann (19 o.); mauritius images/age: S. Pearce (42, 108 o.); mauritius images/Alamy: (9), M. Fludra (38), C. Hopkins (30), D. Renckhoff (71, 78/79), M. Svenningsen (5, 26/27); mauritius images/Firstlight (8); mauritius images/FreshFood (28 l.); mauritius images/imagebroker: Wothe (24); mauritius images/Westend61: O. Castelló Arroyo (19 u.); picture-alliance: U. Gerig (82/83); picture-alliance/Arco Images: R. Kiedrowski (107); picture-alliance/Cultura (96/97); picture-alliance/NurPhoto: M. Fludra (52, 85); picture-alliance/ZB: P. Pleul (Klappe r., 32/33, 72, 75); C. Tietz (1 u.); vario images: B. Classen (118/119)

11., aktualisierte Auflage 2019
© MAIRDUMONT GmbH & Co. KG, Ostfildern
Autoren: Carina Tietz, Bernd Schiller; Redaktion: Nikolai Michaelis; Bildredaktion: Anja Schlatterer;
Im Trend: wunder media, München; Carina Tietz
Kartografie Reiseatlas und Faltkarte: © MAIRDUMONT, Ostfildern
Gestaltung Cover, S. 1, Faltkartencover: Karl Anders – Studio für Brand Profiling, Hamburg; Gestaltung innen: milchhof:atelier, Berlin; Gestaltung S. 2/3, Erlebnistouren: Susan Chaaban Dipl.-Des. (FH)
Sprachführer: in Zusammenarbeit mit Ernst Klett Sprachen GmbH, Stuttgart, Redaktion PONS Wörterbücher
Das Werk einschließlich aller seiner Teile ist urheberrechtlich geschützt.
Jede urheberrechtsrelevante Verwertung ist ohne Zustimmung des Verlags unzulässig und strafbar. Das gilt insbesondere für Vervielfältigungen, Übersetzungen, Nachahmungen, Mikroverfilmungen und die Einspeicherung und Verarbeitung in elektronischen Systemen.
Printed in China

MIX
Paper from
responsible sources
FSC® C124385

BLOSS NICHT ☝

Was ... Planung und auf Bornholm beachten sollten

+ Karte

ZU SPÄT BUCHEN

Wer sich erst kurz vor dem Urlaub sein Quartier sucht, mag bei vielen touristischen Produkten und Zielen Geld sparen. Auf Bornholm trifft diese Last-Minute-Regel aber nicht zu. Im Gegenteil: Vor allem Ferienhäuser in Strandnähe sowie Apartments und Wohnungen in kleinen, schönen Anlagen sind oft schon im Januar oder Februar vergeben. Auch Fährplätze an Wochenenden, besonders auf der Route zwischen Rügen und Rønne, sollten rechtzeitig reserviert werden.

FLAGGE ZEIGEN

Die Dänen haben ein unverkrampftes Verhältnis zu ihrer Landesfahne. Der Dannebrog – die älteste Flagge der Welt – wird von ihnen immer und überall gehisst, als breites Fahnentuch oder als schmaler Wimpel. Das heißt aber

Ausdruck – schon gar nicht lauthals. Die netten Nachbarn im Norden wundern sich übrigens auch immer wieder, wenn ihnen in den Dünen von Dueodde oder sonstwo am Strand andere, meistens ausländische Gäste mit der Wolldecke und dem Picknickkorb zu dicht auf die Pelle rücken.

PARKSCHEIBE VERGESSEN

Bis auf wenige Ausnahmen ist auf Bornholm das Parken kostenlos, jedoch wird eine Parkscheibe gefordert. Gerade in der Hochsaison sind die Politessen sehr aktiv, kennen keinerlei Gnade und greifen auch konsequent durch. Und die Strafe für eine vergessene Scheibe hat es in sich: 510 DKK (etwa 70 Euro).

WARNSCHILDER AM STRAND IGNORIEREN

geduldig werden. Die Dänen sind da gelassener, warten ab, bis sie dran sind, und geben ihrem Unmut über ein paar Minuten Wartezeit so gut wie nie

... me Art ... der gewähren, ohne sie ständig zu gängeln. Was sie gar nicht leiden können: wenn Kinder in der Öffentlichkeit laut angemeckert und ausgeschimpft werden.